KB220932

나를 생각하는 자가 누구냐

- 만공법어滿空法語 -

경허당(鏡虛堂) 성우(惺牛) 대선사(1849~1912) 존영(尊影)

만공 월면(滿空月面) 대선사(1871~1946) 진영(眞影)

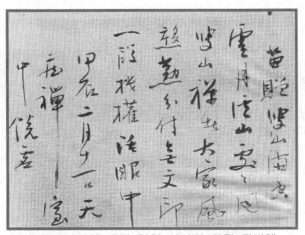

만공스님에게 내린 경허 선사의 친필 전법게

전월사에서 만공 스
이 시자(우측부터
性, 修業, 性悟, 修
들과 함께 찍은 사

일제의 식민지불교정책 강행에 항거하여 한국 전통불교의 고수(固守)투쟁을
선언한 1941년 선학원 고승대회 기념사진(앞 줄 우측 네 번째가 만공 스님)

8·15 해방 소식을 듣고 무궁화 꽃송이로 쓰신 '세계일화'유묵

눈푸른 납자를 제접하시던 덕숭산 정혜사 능인선원의 당시 전경

일 러 두 기

1.   책은 덕숭총림 수덕사(주지 정묵스님)와 경허·만공선양회(회장 옹산스님)가 광복 71주년을 맞아 2016년 9월 8일 수덕사 황하루에서 '일제하의 만공대선사 항일 사자후'를 주제로 개최한 '제8회 만공대선사 학술대회'를 기념해 발행된 것이다.

2. 이 책은 만공문도회가 1982년 10월 1일 비매품(법보시용)으로 발행한 세로쓰기 〈만공법어〉를 저본으로 하여, 요즘 세대에 맞게 가로쓰기로 완전 새롭게 편집하여 대중 포교를 위한 서점 판매용으로 제작한 것이다.

3. 이 책은 1982년판 〈만공법어〉의 내용을 대부분 게재하되, 한문 원문 부분은 생략하였으며, '나를 생각하는 자가 누구냐'라는 제목을 추가하여 단행본에 적합한 표지로 새로 편집하였다.

간 행 사

불조의 진면목을 어찌 언어와 문자로 표현할 수 있으
리요만은 부득이 중생교화를 위하여 여래의 팔만 사
천 법문과 역대 조사의 현담(玄談: 현묘한 대화) 묘구
(妙句: 묘한 구절)로 명시하였으되, 한갓 어린아이의
울음을 달래는 방편일 따름이요, 명월(明月: 밝은 달,
진리)을 가리킨 손가락에 지나지 않는 것이로다.

불불(佛佛) 조조(祖祖: 조사스님들)가 분명히 정법안장
(正法眼藏)을 비부(祕付: 비밀리에 부촉) 심전(深傳)한
법인묘도(法印妙道)는 대대로 계승되어져 온 것도 사
실입니다. 그러나 근역불교(槿域佛教)의 선(禪)의 정맥
이 쇠미의 극에 다다른 때에 경허 성우(鏡虛 惺牛) 노
사가 돌연히 출현하심과 그의 무생법인(無生法忍)을
계승하신 만공 월면 선사께서 이곳 덕숭산에서 선지
(禪旨) 종풍(宗風)을 바로 세워 대진(大振) 중흥케 하셨
으니, 이는 실로 암흑한 대지의 태양과 같은 명안종사
(明眼宗師)이셨습니다.

만공 선사께서 40여년 간을 호서(湖西) 덕숭산에 주석
(住錫)하시며 우리에게 노파심절(老婆心切)로 또는 매

옳게 다져 깨우쳐 주신 진수(眞髓)의 법어를 다 기록
치 못함을 심히 유감으로 생각합니다. 필자가 노사를
받드러 모시던 어린 시자 시절에 경청한 법어를 기록
되는대로 기록한 것이 상당법어 42편, 납자의 안목을
가리시던 거량 43편, 방함록서 3편, 발원문 3편, 법
훈 13편, 자적(自適: 유유자적)하시던 게송 54편으로,
이를 채집하여 1986년에 초간(初刊)한 것이 〈만공어
록(滿空語錄)〉이었습니다.

그러나 초간 당시에 빠진 법어가 적지 않았을 뿐만
아니라 책에 수록된 내용에서 탈락·오기·오역된 곳
을 바로잡고, 그동안 발굴된 거량 14편과 게송 12편
을 더 올리고 화보를 대폭 증면, 새로 편집하여 금번
책 제명을 〈만공법어(滿空法語)〉로 바꾸어 수정증보판
을 내게 된 것입니다.

이 법어집을 간행하게 된 목적은 누구나 자기의 본래
면목을 밝히려는 이들에게 거울이 되며, 자기 마음의
고향을 찾는 이에게 나침반이 되며, 자기 완성의 피안
을 향하는 이에게 쾌속정이 되기를 바라는 데 있습니
다.

이로부터 영산의 법등이 더욱 빛나고 소림의 종지가

온 법계에 투철(透徹)하여 제2의 경허 선사, 제2의 만공 선사와 같은 명안(明眼) 선지식이 나오시기를 간절히 바라는 마음에서입니다.

이 법어집 간행불사를 위하여 혜암 현문 화상과 벽초 경선 화상의 협조와 신도 제현의 성원에 감사를 드리고, 이번 편수작업에 동참한 의초(毅初 金仁鳳) 거사의 도움을 기쁘게 여기는 바입니다.

필자는 정성껏 채집 편찬을 하였으나 그래도 잘못된 점과 미처 찾아내지 못한 법어 송구(頌句)가 많으리라 생각되오니 사부대중 제현께서는 오류 지적과 비장된 미지의 법어가 발견되시는대로 즉시 수덕사로 알려 주시기 간곡히 바라겠습니다. 발견 되어지는 법어와 지적하여 주신 여러분의 고견을 받아들여 앞으로도 수정 증보 하겠음을 밝히는 바입니다.

불기 2526(서기 1982)년 중추절(仲秋節)
시자 진성 원담(眞惺圓潭)1) 계수(稽首) 근식(謹識)

---

1) 덕숭총림 수덕사 방장을 역임한 원담 진성 스님 (1926~2008).

목 차

간 행 사
만공 월면 대선사 행장

상당 법어

거량擧揚(선문답)

게송偈頌

방함록 서문

발원문

수행찬修行讚

법훈法訓

만공滿空 월면月面 대선사 행장行狀

스님의 속명은 도암(道岩)이요, 휘(諱)는 월면(月面)이며 법호는 만공(滿空)이다. 속성은 여산 송씨니 아버지는 송신통(宋神通)이요, 어머니는 김씨이다. 전라북도 태인군 태인읍 상일리에서 출생하셨다.

스님이 출생하기 전 김씨의 꿈에 신령한 용이 구슬을 토하매 광명이 황홀한지라, 그 광명을 받고 잉태한지 열 달 만에 낳으니 즉 고종2년(1871) 신미(辛未) 3월 7일이었다.

스님이 두 살이 되던 해에 아버지가 어머니에게 말하기를, "이 아이는 속세의 세업을 이을 아이가 아니요. 장차 불문에 들어가서 고승이 될 아이"라고 하였다.

스님이 열세 살 되던 해 계미년 겨울에 전북 김제 금산사에 가서 연말을 보내면 장수하고 만사가 길하다는 말을 듣고 금산사로 가서 처음 부처님의 등상(等像)과 스님네를 보니 환희심이 샘물처럼 솟아오르니 그 뒤부터는 집에 돌아 와서도 출가하여 스님이 될 마음이 간절하였으나 부모님은 아들을 놓아 줄 마음이 없을 뿐 아니라 사촌형이 더욱 엄하게 감시를 하였다.

그리하여 스님은 몰래 나무꾼의 지게를 지고 야반도주하여 전주 봉서사로 가서 며칠 동안 머무는 중 여러 스님들이 삭발하여 스님이 되라고 권하였으나 그곳에 인연이 없었던지 마음이 들지 않아 이 절을 떠나 짚신을 벗어 작대기 끝에 매달아 둘러메고 맨발로 걸으니, 하늘에 닿을 듯 한 푸른 태산준령이 눈앞에 우뚝하고 흐르는 시냇물은 소리마다 속세의 잡념을 씻어 주는 듯 즐겁기만 하였으며, 숲속에 핀 꽃송이들이 반겨 맞아 주고, 재재거리는 산새들 소리는 사람의 미(迷)한 길을 가리켜 주는 듯 하였다.

한 가닥의 오솔길을 따라 피곤한 것도 잊고 한 곳을 당도하니 이곳이 전주 송광사였다.

스님들이 보고, 「네가 어디서 왔으며, 무슨 일로 왔느냐?」고 묻는 말에 사실대로 대답하니 여러 스님들이 인자하게 맞아 주며 말하였다.

「이곳은 훌륭한 스님이 없으니 쌍계사에 진암(眞岩) 노사(老師)를 찾아가라」고 인도하기에 논산 쌍계사로 갔다.

마침 진암 노사가 계룡산 동학사로 옮기셨으므로 다시 동학사로 가서 진암 노사를 뵙고 거기서 안주하게 되었으니, 때는 스님 나이 열네 살이 되던 갑신년이었다.

얼마 후 양식이 떨어졌다. 마침 젊은 스님이 동냥을 나가게 되매 아직 행자인 스님도 따라가게 되었다.
젊은 스님이 말하기를,
「중도 아닌 유발동자가 무슨 동냥을 하겠는가?」하기에
스님이 말하기를,
「얻어먹는 사람이 승속(僧俗)이 따로 있습니까?」하였다.

젊은 스님이 말없이 동행하여 십 여일 만에 엽전 여덟 냥을 얻어 가지고 돌아오매,
진암 노사가 스님의 손을 잡고 탄식하여 이르되,
「내가 귀한 집 자제를 중도 만들기 전에 동냥부터 시키니 나같이 박복한 사람은 세상에서 둘도 없을 것이다」하며 눈물을 흘리니
스님이 말하되, 「순(舜) 임금도 독 장사를 하였답니다. 너무 걱정하지 마십시오」하였다.

갑신년 시월 초순 어느 날, 한 객승이 왔기에 본 즉 육척이 넘는 체구에 위풍당당하고 안광이 대중을 놀라게 하였다. 이분이 천장사에서 온 경허(鏡虛) 화상이었다.

경허스님이 대중과 같이 살던 중 진암 노사가 경허스님께 「이 아이가 비범한 기틀이 엿보이니 스님이 데려다가 잘 지도하여 장차 불교계에 동량이 되도록 하여 주시오」하고 부탁하였다.
그러나 스님은 처음에 경허 스님을 따라가지 않겠다고 하다가 진암 노사의 간곡한 말씀에 결국 따르기로 하였다.

경허스님이 한 젊은 스님을 시켜 스님을 충남 서산 천장사에 계신 태허(太虛) 스님에게 맡기도록 부탁하여 스님은 천장사로 가서 태허 스님을 모시게 되었다.
그 해 12월에 태허 스님을 은사(恩師)로 경허 스님을 계사(戒師)로 하여 사미계를 받고 득도하니 법명이 월면(月面)이었다.

그 뒤 스물다섯 살 계묘년 11월 1일에 17, 8세 되어 보이는 초립동 소년이 이곳 천장사에 찾아와 하

룻밤을 동숙하는데

그 소년이 묻기를, 「만법이 하나로 돌아가는데 그 하나는 어디로 돌아가는고?[萬法歸一 一歸何處]라는 것만 깨달으면 생사를 해탈하고 만사에 무불통지 한다 하니 이것이 무슨 뜻이오」 하기에

스님을 대답을 못하였다.

그 뒤로 이 화두에 대하여 의단(疑團)이 독로(獨露)하여 잠도 제대로 이루지 못하고 며칠을 지내게 되었다. 그러나 어른 시봉을 하면서 공부하기란 퍽 힘드는 일이라고 생각이 들었다. 그래서 몰래 길을 떠나 온양 봉곡사로 가서 노전(爐殿)을 보며 공부를 계속하다가 을미년(1895) 7월 25일에 동쪽 벽에 의지하여 서쪽 벽을 바라보던 중 홀연히 벽이 공(空)하고 일원상(一圓相)이 나타났다. 그러나 지금까지 계속해 오던 의심은 조금도 흐리지 않고 하룻밤을 지나던 중 새벽 쇳송[鐘頌]을 할 때, 화엄경의 사구게 즉

만약 사람이(若人欲了知)
삼세의 모든 부처님을 알고자 할진댄(三世一切佛)
응당 법계성을 관하라(應觀法界性)
일체를 마음이 지었느니라(一切唯心造).

를 외우다가 문득 법계성을 깨달아 화장세계(華藏世界)가 홀연히 열리니 기쁜 마음을 무엇에 비길 데가 없었다.

그리하여 아래와 같은 오도송(悟道頌)을 읊었다.

빈 산 이치 기운 고금 밖인데(空山理氣古今外)
흰 구름 맑은 바람 스스로 오고 가누나(白雲淸風自去來)
무슨 일로 달마는 서천을 건너 왔는고?(何事達摩越西天)
축시엔 닭이 울고 인시에 해가 오르네(鷄鳴丑時寅日出)

그 뒤로는 누구를 만나든지 만나는 사람마다 붙들고 이르기를,

「나에게 희유한 일이 있으니 나와 함께 공부함이 어떠냐?」고 권하였다.

사람들은 스님의 경계를 알지 못하고 모두 이르기를, 「어째서 저녁까지 멀쩡하던 사람이 밤사이에 미쳤다.」고 비웃기만 하므로 스님은 이런 곳에 더 머무를 수 없다 하고 걸망을 짊어지고 지리산 청학동을 향하여 떠났다.

가는 도중 장성 지방에 이르러 한 노인에게 지리산 가는 길을 물으니 노인이 말하기를, 「장성에 기산림이라는 선생이 유학자들을 동원하여 사방에 진을 치

고 지나가는 중들을 모조리 붙잡아다가 진 중에서
밥 짓는 일을 시키니 위험한 곳에 가지 않는 것이
좋겠습니다」 하기에 본사(本寺)로 발길을 돌렸다.

돌아오는 중에 공주 마곡사에 들리니 옹사(翁師)되는
보경 화상이 이르기를, 「내가 조그만 토굴을 하나
만들었으니 거기서 공부를 하는 것이 어떠냐?」고 하
기에 그 토굴에 가 본 즉 마음에 들므로 파전(坡田)
을 일구어 연명하며 지냈다.

토굴서 3년이 되던 해 스님 나이 스물여섯 살 때,
병신년 7월 보름날 경허 스님이 왕림하매 화상을
뵙고 지금까지 공부해 온 것을 낱낱이 고백하니
화상이 이르되, 「불 속에 연꽃이 피었구나(火中生
蓮)」하였다.

경허 화상이 스님에게 묻기를, 「등(藤) 토시와 미선
(美扇) 하나가 있는데 토시를 부채라고 해야 옳으냐,
부채를 토시라고 하는 것이 옳으냐?」
「토시를 부채라고 하여도 옳고 부채를 토시라고 하
여도 옳습니다.」

「네가 일찍 다비문을 보았느냐?」

「보았습니다.」

「다비문에 ‘돌사람이 눈물 흘린다(有眼石人齊下淚)’라 하니 이 참 뜻이 무엇인고?」
「모르겠습니다.」

경허화상이 이르되, 「‘돌사람이 눈물 흘린다’를 모르고 어찌 토시를 부채라 하고 부채를 토시라 하는 도리를 알겠느냐?」 하였다.
화상이 다시 이르되, 「만법귀일 일귀하처 화두는 더 진보가 없으니 다시 조주 스님의 무자(無字) 화두를 드는 것이 옳다.」 하고,
또 이르기를 「원돈문(圓頓門)을 짓지 말고 경절문(徑截門)을 지으라」 하고 떠났다.

그 후 무자화두를 열심히 의심하던 중 날이 갈수록 경허 화상을 경모(傾慕)하는 마음이 간절하여 무술년(1898) 7월에 화상이 계신 서산 도비산 부석사로 갔다.
경허 화상을 뵙고 날마다 법을 물어 현현(玄玄)한 묘리를 탁마(琢磨) 하였다.

그때 경남 동래 범어사 계명암 선원으로부터 경허

화상께 청첩장이 왔으므로 스님이 화상을 모시고 갔
는데 침운(枕雲) 스님도 동반하게 되었다.
계명암 선원에서 하안거를 마치고 화상과 이별한 후
통도사 백운암으로 갔다. 마침 장마 때라 보름 동안
을 갇혀 있던 중 새벽 종소리를 듣고 재차 깨달으니
백천 삼매와 무량묘의(無量妙義)를 걸림 없이 통달하
여 생사의 큰 일을 마친 장부[了事丈夫]가 되었다.

서른한 살, 신축년 7월 말경에 본사에 돌아와 머무
르며 '배고프면 밥먹고 졸리면 잠자면서' 소요자재
하였다.

스님이 서른네 살 때, 갑진년 7월 15일에 경허화상
이 함경도 삼수갑산으로 가는 길에 천장사를 들리게
되었다. 스님은 화상을 뵙고 몇 해 동안 공부를 짓
고 보림(保任)한 것을 낱낱이 아뢰니 경허 화상이
기꺼이 전법게(傳法偈)를 내렸다.

구름 달 시냇물 산 곳곳마다 같은데(雲月溪山處處同)
수산선자의 대 가풍이여(叟山禪子大家風)
은근히 무문인을 부촉하노니(慇懃分付無文印)
한 조각 권세 기틀이 눈 속에 살았구나.(一段機權活眼中)

이어 만공(滿空)이라는 법호(法號)를 내리고 이르되, 「불조의 혜명을 자네에게 이어 가도록 부촉하노니 잊지 말라.」 하고 주장자를 떨치고 길을 떠났다.

그때부터 스님은 모든 산천을 돌아다니다가 을사년 (1905) 봄에 덕숭산에 조그만 암자를 짓고 금선대라 이름하고 보림(保任)을 하니 제방의 납자들이 구름 모이듯 와서 스님에게 설법하기를 청하거늘 사양하다 못해 법좌에 올라 법을 설하니 이것이 개당보설(開堂普說)이었다.
그 뒤로 스님의 문하에서 용상대덕이 무수히 배출되었다.

그 뒤 스님은 수덕사, 정혜사, 견성암을 중창하여 많은 사부대중을 거느리고 선풍(禪風)을 크게 떨치다가 금강산 유점사 마하연선원에 가서 삼하(三夏)를 지냈다.
다시 덕숭산으로 돌아와 서산 안면면 간월도에 간월암(看月庵)을 중창하였다.
말년에 덕숭산 동편 산정에 한 칸 띠집을 지어 전월사(轉月舍)라 이름하고 홀로 둥근 달을 굴리시다가 어느 날 목욕 단좌한 후 거울에 비친 자기 모습을 보고, 「자네와 내가 이제 이별할 인연이 다 되었네

그려」 하고 껄껄 웃고 문득 입적하니, 때는 병술년 시월 20일이었다.

다비를 모시던 즉시 흰 연기 위에 홀연히 백학이 나타나 공중을 배회하고 오색 광명이 하늘에 닿았다. 이 광경을 본 대중은 환희심과 기이한 생각으로 다비를 다 마친 후 영골을 모아 석탑에 봉안하니 세수 75세요 법랍은 62이며 석존 후 76대이다.

1968년 10월 15일

侍者 眞惺 焚香 謹書

※ 진성(眞惺) 스님은 덕숭총림 방장 원담 스님(2008.3.19 입적)

만공 스님이 때때로 좌선하던 만공대

상당 법어
上堂 法語

1938년(무인년) 결제 법문

법좌에 올라 양구①한 후 주장자로 법상을 세 번 내리
찍고 이르되, 『고인의 말씀에 「예로부터 고요히 움직
이지 아니함이 여여(如如)②한 부처라」 하였다. 그러나,
여여를 여여라 하면 여여가 아니라 벌써 변해 버린
말이니, 이 여여는 곧 우주의 모체[根本]이며, 일체
만물이 모두 이 여여에서 생겨났음이니라. 그런데, 이
세상 사람들은 생겨나도 생겨나는 그 근본을 모르고,
죽어 가도 죽어 가는 그 근본을 알지 못하고 있으니,
그 어리석음이 축생(畜生)과 다를 바가 무엇이 있겠느
냐? 이 세상 중생들이 모두 이렇게 된 까닭은 오직
탐·진·치 세 가지 독한 것을 가지고 일용의 살림을
삼기 때문이니라.
여기에서 만약 누구든지 이같은 어리석음을 벗어나려
거든, 이 「구래부동 여여불(舊來不動如如佛: 예로부터
동함이 없어 여여한 부처)」을 깨닫도록 하여라. 이 한
마디를 스스로 깨달으면 바야흐로 부처와 내가 둘이
아니니라.』

[註]
① 양구(良久) = 최상의 참된 설법(說法).
② 여여(如如) = 부동(不動)의 본체(本體).

세간상이 상주니라

법좌에 올라 이르되,
『모든 법이 돌아오지 아니하여 세간의 상이 항상 주하나니라.』

주장자를 세워 일으키고 이르되,
『보고 보라. 삼라만상이 다만 이 한 몸에 항상 홀로 드러나 있으니, 이 속에 이르러 도리어 한 법이 나기도 하고 멸하기도 하고, 있기도 하고 없기도 하도다.
비록 이와 같으나, 이 도리는 꿈에도 설해 보지 못하였노라.』

주장자를 세워 법상을 치고 법좌에서 내리시다.

위 없는 보리

법좌에 올라 양구(良久)하고 이르되,
『위 없는 보리가 이것으로 좇아 나니,
만 길이나 되는 언덕 위에 외발로 섰도다.
동과 서와 남과 북을 묻지 말라.
달마(達磨)[1]가 조계(曹溪)의 길을 아지 못하나니라.
한 비결이 있으니, 그대를 위하여 말하리라.』

주장자를 세워 법상을 치고 법좌에서 내리시다.

[註]
① 달마(達磨) = 불조법맥(佛祖法脈)의 28대조이며 동토(東土) 제 1조이다.

일만 기틀을 다 쉬어 파해버리다

법좌에 올라 이르되, 『일만 기틀을 다 쉬어 파해 버리니, 일천 성현들이 다 잡지 못하고, 부모도 또한 나의 친한 이가 아니며, 모든 부처님도 이 또한 좋을 게 아니로다.

본색 납승(衲僧)^①이 이 속에 이르러 한 가닥의 활로(活路)가 있으니, 곧 이 생멸(生滅)에 능히 옮겨 따르지 아니하고, 차별에 능히 굴러들지 아니하며, 티끌을 등지고 각(覺)에 합하여 제불과 중생이 본래 평등하나니라.

대중아! 이미 평등할진댄 무엇 때문에 제불은 영원히 증득(證得)하였고, 중생은 그렇지 못한고? 또 일러라. 잘못됨이 어느 곳에 있는고?

밤길을 허락하지 아니함이니, 철저히 밝혀야 반드시 도달할 수 있으리라.』

[註]
① 납승(衲僧) = 무소유(無所有)자로서 수도에만 전념하는 선승(禪僧).

대중에 보이다
경오년[①] 동안거 법문

법좌에 올라 주장자로 법상을 세 번 내리찍고 이르되, 『한 개의 물건도 짓지 아니함을 이름하여 '도를 지음'이라 하고, 한 개의 물건도 보지 아니함을 이름하여 '도를 본 것'이라 하고, 한 개의 물건도 닦지 아니함을 이름하여 '도를 닦는다' 하고, 한 개의 물건도 얻지 못한 것을 이름하여 '도를 얻은 것'이라 하나니라.』

끝으로 주장자를 잡고 이르되, 『대중은 자세히 보라!』

양구하였다가 주장자를 들어 법상을 한 번 내리찍고 이르되,

『모든 법이 본래부터 항상 적멸(寂滅)[②]한 상(相)이니, 불자가 이 도리를 행하여 마치면 이것이 곧 부처를 증득한 것이니라.』

[註]

① 경오년(庚午年) = 1930년.

② 적멸(寂滅) = 부모미생전(父母未生前)이요, 제불(諸佛)의 본래 자리.

여래의 형상

법좌에 올라 이르되,
『만약 모든 상이 상 아님을 능히 본다면 곧 여래를
보리라.

천년의 대나무와 만년의 소나무여!
가지와 가지 잎새와 잎새가 낱낱이 다 같도다.』

―만공선사
만유의 도리를 자유로 쓰게 되나니라.
만유의 형상을 임의로 지으며,
만유萬有를 자체화自體化하였기 때문에
완성完成된 사람完人은

천안으로 볼 수 없는 것이

법좌에 올라 이르되,
『천 개의 눈을 가진 관음보살로도 능히 보아 투철히 알지 못하는 것이 바람을 따라 비로 화하여 앞산으로 지나가도다. 법문을 들을 때에 졸지 말라. 그러나, 잠자는 것이 곧 법문이니라. 만약 그렇다면, 잠자는 것이 곧 법문일진대 재상가의 딸이 백정의 집으로 시집가는 격이라 이르리다.

천년의 대나무와 만년의 소나무여!
가지마다 잎새마다 낱낱이 다 같도다
4해[1]의 현학자(玄學者)[2]에게 이르노니,
움직임이 모두가 조사 가풍(祖師家風)을 접촉하지 아니함이니라.』

[註]
① 사해(四海) = 온 세계.
② 현학자(玄學者) = 선객(禪客).

선행과 악행

법좌에 올라 주장자를 잡고 이르되, 『착한 행은 천당에 올라가고, 악한 행은 지옥으로 들어가게 되느니라. 그러나, 선과 악이 함께 공(空)하였다면 곧 극락 세계[1]로 곧바로 가리라.

선과 악의 근본 원인을 깨달으면 착한 것도 아니요, 악한 것도 아니니, 이것이 곧 선과 악이 함께 공한 곳이니라.

이 세계에서 10만억 세계를 지나 한 세계가 있으니, 이곳 이름을 극락이라 하니라. 10만억은 곧 10악[2]이며 10악을 뒤집으면 곧 10선[3]이니, 이 선행을 깨닫기 위하여 오늘 대중은 여기에 와서 공부를 하는 것이니라.

만약 10선을 깨달았다면, 이 국토〔衆生界〕를 여의지 아니하고, 마땅히 연화대(蓮華臺)[4]에 날 수 있으리라.

행하여 처하는 곳마다 곧 연화대이며, 아미타불[5]이 곧 이 생각이니, 여읠래야 여읠 수가 없느니라.』

주장자로 법상을 한 번 치고 이르되, 『금일 대중아, 이 몸 가졌을 때에는 이 소리를 듣거니와 이 몸 없어졌을 때에는 이 소리를 듣는 자가 누구이겠는가?

육신은 송장이니, 이 소리를 듣지 못할 것이요, 마음이란 형상이 없으니, 이 소리를 듣지 못할 것이니라. 이 소리는 길지도 아니하고 짧지도 아니하며, 푸르지도 아니하고 노랗지도 아니하며, 밝지도 아니하고 어둡지도 아니하며, 성현도 아니며 범부도 아니니, 이 소리를 바로 들을 때에 아미타불을 친히 만나 뵈리라.

끝에 다시 이르노니, 모든 법이 본래부터 항상 적멸한 상이니, 불자가 이 도리를 행하여 요달(了達)한다면 부처와 네가 곧 둘이 아니니라.

고기가 가매 물이 흐리고,
새가 날으매 깃이 떨어짐이로다.』
주장자로 법상을 직고 법좌에서 내려오시다.

[註]
① 극락세계(極樂世界) = 아미타불이 살고 있는 세계. 이 세계의 서쪽으로 십만억(億)의 세계를 지나서 가면 있다고 함.
② 십악(十惡) = 신업(身業) · 구업(口業) · 의업(意業) 등 3업으로 짓는 열 가지 죄악. 곧 살생(殺生) · 투도(偸盜) · 사음(邪淫) · 망어(妄語) · 기어(綺語) · 양설(兩說) · 악구(惡口) · 탐욕(貪慾) · 진에(瞋恚) · 우치(愚痴) 등을 가리킴.
③ 십선(十善) = 10악을 행하지 않는 일.
④ 연화대(蓮花臺) = 극락세계에 있다고 하는 대(臺).
⑤ 아미타불(阿彌陀佛) = 서방 정토(西方淨土)의 주불(主佛).

뚫을 수 없는 것

법좌에 올라 양구하고 주장자를 잡아 법상을 세 번 찍고 이르되, 『이것은 있는 마음으로도 알 수가 없고, 없는 마음으로도 알 수가 없는 것이니, 또한 어떻게 하겠느냐? 만약 이 도리를 투철히 알게 되면 참학(參學)[①]하는 일을 마쳤다 하리라.

대중이 듣기가 지루할 것 같아, 내가 이제 대신하여 들어 보이리라. 자세히 보아라!』

양구하였다가 주장자로 법상을 세 번 찍고 법좌에서 내려오시다.

[註]
① 참학(參學) = 참선 공부(參禪工夫).

안정병원을 찾는 것이 옳으리라

대중이 조실 스님께 묻되,『금번에 대중이 해제[1] 법문 듣기를 원하였는데, 스님께서 설법하셔야 할 때에 설법을 하시지 않으니, 고인이 이르되, 「출현하는 것이 사람을 위하는 것이 아니요, 출현하지 아니하는 것이 사람을 위함이라.」 하니, 이 도리에 의거하여 스님께서 설법하지 아니하시는 것입니까?』
스님이 이르되,『감기가 나은 뒤에 설해 주리라.』

또 묻되,『나고 죽는 일이 빠르오니, 오늘 중으로 꼭 설하여 주소서.』 스님이 이르되,『귀먹은 놈에게 어떻게 더 설할까 보냐?』
또 묻되,『업식(業識)[2]이 아득하고 아득하여 듣지를 못하오니, 다시 자세히 보여 주소서.』 스님이 이르되,『그러하면 홍성 안정병원을 찾아가는 것이 옳을 것이니라.』

[註]
① 해제(解制) = 선원에서는 여름 안거(安居)와 겨울 안거가 있다. 여름 안거는 음력 4월 15일에 참선 공부를 시작함을 결제(結制)라 하고, 90일 동안 일체 출입을 않고 정진(精進)하다가 음력 7월 15일에 안거 기간을 끝내는 것을 해제(解制)라 한다.

상당 법어

겨울 안거는 음력 10월 15일에 결제하고 다음해 1월 15일
에 해제한다.

② 업식(業識) = 전생(前生)에 지은 업(業)으로 생긴 의식.

법 가운데 왕

법좌에 올라 이르되, 『법 가운데 왕이여! 가장 높고 수승하여 항하(恒河)^①의 모래수와 같은 여래가 다 함께 증득함이니라.』 하고

주장자는 잡고 이르되, 『자세히 보아라! 시방^②의 모든 부처가 다 산승의 주장자 머리에 있어 이구동음(異口同音)으로 큰 법륜^③을 굴리시니, 대중은 자세히 들어라.』

이에 주장자를 들어 법상을 한 번 찍고 이르되,
손가락 퉁기는 사이 뚜렷이 팔만 법문을 원만성취하고,
찰나간에 3아승지겁의 업장^④을 없앴느니라.

[註]
① 항하(恒河) = 인도의 갠지스강.
② 시방(十方) = 4방(四方)·사우(四隅)·상하(上下)를 통틀어 일컬음.
③ 법륜(法輪) = 부처님의 진리의 수레.
④ 업장(業障) = 전생에 지은 허물로 인하여 이승에서 받는 장애.

뚜렷하고 묘한 존재

법좌에 올라 이르되,
『몸은 티끌 세상을 취하기 위함이 아니라 높고 높아 묘하게 있는 것을 담음이며, 마음은 망령된 사량(思量)[①]에 반연(攀緣)[②]됨이 아니니라. 그윽하고 그윽하여 접촉하면 깨달음이 있으니 그 본체는 모든 장애에서 뛰어났고, 그 묘용(妙用)은 큰 자재를 얻어 가는 것도 없고 오는 것도 없으며, 나타나는 것도 아니며 감추어지는 것도 아니니라. 빛깔을 응하고 소리를 응하매 대(對)함도 없고 기다림도 없음이니라.

만두 호떡의 관세음[③]이여!
도리어 내가 나에게 마땅히 집 매매를 행하도다.』

[註]
① 사량(思量) = 생각하여 헤아림.
② 반연(攀緣) = 원인을 도와 결과를 맺게 하는 일.
③ 관세음(觀世音) = 관세음보살.

돌사람이 이마가 깨어짐

법좌에 올라 이르되,

『교화의 밖에 길이 다하니 돌사람[石人]이 이마가 쪼개지고, 겹 앞에 바람이 움직이니 옥녀(玉女)가 머리를 흔들도다.

이 한 낱 가운데 소식을 통하기 어려운지라 곧바로 칼날 끝이 드러나지 않도다.

그러하므로, 이르되 움직이면 곧 그림자가 나타나고, 깨달으면 또한 티끌 번뇌가 나도다. 정히 이러한 때를 당하여 어떻게 하겠는가? 이 낱 소식을 통하라.』

양구하였다가 이르되,

밤 사이 목마(木馬)가 못 가운데를 지나가니,

놀라 일어난 진흙 소가 바다의 조수를 뒤집도다.

윤회의 자취

법좌에 올라 이르되, 『나고 죽음에 윤회의 자취가 다함이 없고, 고요하고 뚜렷하매 참으로 비추는 이 기틀이 매(昧: 어둡나)하지 않도다.

구름은 산을 의지하여 아비를 삼는지라, 이 날 가운데 공덕으로써 공덕에 나아감이여, 달은 물에 비추어 집을 삼는지라, 곧 머무르되 머무른 바가 없음이니라. 보고 듣고 깨닫고 아는 것을 여의고, 깊이 지혜가 있으니 이는 분별의 마음이 아니다.

땅과 물과 불과 바람을 여의고 특별히 몸이 있으니, 곧 화합의 모습이 아니로다. 그러므로, 이르되 사대(四大)[2]의 성품이 스스로 회복하여 아들이 그의 어미를 얻는 것과 같도다. 여러 선덕[3]은 어떻게 생각하는가? 이러한 행리(行履)를 증득해야 서로 응해 갈 수 있으리라. 도리어 알겠는가?

서리 찬 하늘에 달은 지고 밤이 깊었는데,
누가 맑은 못 찬 그림자를 비출고?』

[註]
① 사대(四大) = 지(地)·수(水)·화(火)·풍(風).
③ 선덕(禪德) = 선리(禪理)에 깊이 통하여 덕망이 높은 사람.

오직 마음

법좌에 올라 이르되,
『삼세^①가 오직 이 마음이요, 오직 이 마음이 삼세로다.
일체 모든 법이 공한 관자재(觀自在)시여!
곳곳마다 광명이요, 곳곳마다 법신^②이라,
한 낱 거품의 환(幻)이 한 가지도 걸림이 없음이로다.
구름을 토함은 저 산이요, 냇물을 삼킴은 저 바다라,
마침내 모발이 없는 그 밖에 거함을 요달하니,
삼라만상^③이 다 나의 집이로다.
다만 이 낱 허공의 뱃가죽이 크기도 하도다.』

[註]
① 삼세(三世) = 과거 · 현재 · 미래
② 법신(法身) = 부처님의 법 · 보 · 화(法報化) 삼신(三身)의 하나로 비로자나불(毘盧遮那佛)을 말한다. 보신은 노사나불(盧舍那佛)이요, 화신은 석가모니불이다.
③ 삼라만상(森羅萬象) = 우주 사이에 벌여 있는 온갖 사물의 현상.

있는 것·없는 것을 얻지 못함

법좌에 올라 이르되,
『가히 얻어서 있다고도 못할 것이며,
가히 얻어서 없다고도 못할 것이니라.
고요하고 고요히 시방 세계를 앉아서 끊으니,
고요하고 고요한 한 경계가 맑게 비었도다.
곱고 미운 것이 어찌 맑은 거울을 속일 것인가!
푸르고 누른 것으로 나의 밝은 구슬을 더럽히지 못
할 것이로다.

화장찰해[1]도 능히 달을 가두어 잠그지 못함이니,
밤 사이에 흐르는 그림자가 산호 가지에 있도다.』

[註]
① 화장찰해(華藏刹海) = 부처님의 화려한 세계.

기린과 용

법좌에 올라 이르되,

『기린과 용이 상서로움이 되지 못하고, 진주와 보석이 귀한 것이 아니니, 납승의 눈이 활짝 열려서 생사(生死)의 꼭지를 사무쳐 보라.

생사의 꼭지가 가장 으뜸이 되는 모든 부처님의 마음이다. 조사[①]가 소림(少林)에서 첫 번째 부처님의 법등(法燈)을 전하고, 영산(靈山)[②]에서 수기(授記)하사 높고 낮은 기틀을 따름이로다.

어떤 것이 이것이며, 어떤 것이 저것인고?

모든 인연을 가상하여 신령한 물건이 스스로 유희하도다. 어느 때는 5교[③]와 3승[④]이요, 어느 때는 3덕[⑤]과 6미[⑥]요, 어느 때는 집 속에서 주재하다가 어느 때는 문 머리에서 일을 마치도다.

곳곳마다 청백한 가풍이요, 사람마다 반드시 살 계교가 있음이로다. 이러한 때를 당하여 또한 일러라. 어떤 것이 현성(現成)[⑦]의 수용인가! 도리어 체달하여 아느냐, 모르느냐?』

양구하고 이르되,

바람이 부니 풀이 쓰러지고,
물이 흐르니 개천을 이루도다.

[註]

① 조사(祖師) = 달마 대사(達磨大師).

② 영산(靈山) = 중인도(中印度) 마갈타국(摩竭陀國)의 왕사성(王舍城) 부근에 있는 산으로 석가 여래가 이곳에서 설법(說法)하였다 함.

③ 5교(五敎) = 열반종(涅槃宗)·계율종(戒律宗)·법성종(法性宗)·화엄종(華嚴宗)·법상종(法相宗).

④ 3승(三乘) = 성문승(聲聞乘)·연각승(緣覺乘)·보살승(菩薩乘).

⑤ 3덕(三德) = 법신덕(法身德)·반야덕(般若德)·해탈덕(解脫德).

⑥ 6미(六味) = 쓴맛·단맛·신맛·매운맛·짠맛·싱거운맛.

⑦ 현성(現成) = 현재에 드러난 진리를 수용(受用)하는 것.

높고 높아 당당하다

법좌에 올라 이르되,
『높고 높아 당당히 만상 가운데 홀로 드러남이,
밝고 밝아 역력히 백초 두상(百草頭上)^①에 서로 만나도다.
나는 분수 밖에 다른 이를 보지 않고, 다른 이는 분수 밖에 나를 보지 아니하여, 저가 나를 외면하지 아니하니, 곧 성색(聲色)^②의 티끌이 소멸하고, 내가 저를 외면하지 아니하니, 곧 보고 듣는 것이 해탈(解脫)이로다. 그러므로, 이르되 세계가 그러하고, 중생이 그러하고, 티끌이 그러하고, 생각이 그러하니, 또 일러라.
어떻게 옮겨야 이렇게 서로 응함을 증득해 갈 것인고? 도리어 알겠느냐?

한 기틀이 있어 은밀히 도의 중심을 운전하는데,
삼라만상의 형형 색색은 빈 마음의 거울에 흐르는구나.』

[註]
① 백초 두상(百草頭上) = 백 가지 풀끝, 번뇌 망상(煩惱妄想)을 상징함.
② 성색(聲色) = 소리와 빛깔.

일심이 만상이다

법좌에 올라 이르되,
『일심(一心)이 곧 만상(萬像)이요, 만상이 곧 일심이니라.

이것이 가깝지도 아니하고 멀지도 아니하며, 지극히 얕고 지극히 깊어서 건곤(乾坤)①으로 더불어 같이 덮이고 실렸으며, 일월(日月)로 더불어 같이 비추었으니,

달빛을 배에 실음이여, 배마다 다 달빛이요,

금으로 그릇을 만들었으니, 그릇마다 다 금이요,

밝고 조촐함은 산호의 가지와 같고,

그 향기는 담복(薝蔔)②의 수풀과 같도다.

대용(大用)의 자재(自在)함은 전륜성왕(轉輪聖王)③의 상투 속 보배를 획득하였고, 바른 소리가 화합함은 사자의 힘줄로 만든 거문고를 연주하는 것과 같음이로다.

터럭만치도 원융 무애(圓融無碍)④를 유실(遺失)하지 아니하였거니, 형상을 비추는 거울이요, 형상의 껍질이 허공에 걸리지 아니하니, 이 또한 담장을 넘어가는 소리로다.

능히 이와 같음에 그 묘함이 아득한 옛과 지금을 초월하여 여여함을 요달하였도다.

대중은 또한 일러라! 이제 요달한 것이 이 무슨 일인고? 도리어 알겠느냐?
평온함이 대지와 같아서 능히 이 물건은
확연한 허공과 같이 바늘 끝만치라도 걸리지 아니함이로다.』

[註]

① 건곤(乾坤) = 하늘과 땅.

② 담복(薝蔔) = 치자나무의 꽃. 향기가 있음을 말한다.

③ 전륜성왕(轉輪聖王) = 정법(正法)을 가지고 온 세계를 다스리는 왕.

④ 원융 무애(圓融無碍) = 일체의 여러 법의 사리(事理)가 구별 없이 널리 융통하여 하나가 되어 거리낌이 없음.

여래장

법좌에 올라 이르되,
『나고 죽고, 가고 오는 것이 본래 여래장인지라,
청정하여 묘법①이 밝고 가없는 허공이 원융자재하였
으니,
밝게 통하여 여섯 문에 나는 반연(攀緣)②을 끊었고,
3계③에 저 물건 몸의 형상이 없으니,
남[生]이 없는 길 위의 사람을 알아 취하고자 할진
댄
만회화상(萬廻和尙)④에게 참(參)하라.』

[註]
① 묘법(妙法) = 사람의 심성(心性)의 작용.
② 반연(攀緣) = 원인을 도와 결과를 맺게 하는 일.
③ 3계(三界) = 욕계(欲界)·색계(色界)·무색계(無色界).
④ 만회 화상(萬廻和尙) = 만회는 사람이 아니고 선사의 가
풍에 따라 사용하는 비밀 암호.

하나도 아니고 다름도 아니다

법좌에 올라 이르되,
『가히 하나로도 얻지 못하고,
가히 다른 것으로도 얻지 못함이로다.
나도 이와 같고 저도 이와 같도다.

두 눈썹 줄기에 불꽃 같은 밝은 빛이 몸을 나투고
백초 위에 조사의 뜻을 드날리는데,
뜬 구름을 뉘라서 청산에 나아가게 하랴!

낙화(落花)는 스스로 유수(流水)를 따라 가도다.』

밀밀히 주함

법좌에 올라 이르되,

밀밀히 그 가운데 머물러
신령스럽게 공(空)하였으되 공함도 아니도다.
한 마리의 소[牛]는 능히 물을 마시는데,
다섯 마리의 말[馬]은 바람에 소리 지르지 못하네.
지위 속에 소식을 잊고,
기틀 머리에 변통이 있는지라,
3천 대천 세계의 일을
손가락 퉁기는 사이에 원융히 성취케 하노라.

명백함이 스스로 빛남

법좌에 올라 이르되,
『묘하고 맑은 그 당처는 흔적이 없으되 명백하여 스스로 밝게 빛남이로다. 몸에 합하면 공(空)도 아니로되 분명히 있고, 주하지 아니하되 능히 주함이니라.

구름은 무심하되 비를 내리게 하고,
골짜기는 신령스러움이 있으되 스스로 공하였도다.

납승의 가풍은 능히 이렇게 수용하고, 능히 이렇게 모나게 하고 능히 둥글게 함이라야 비로소 일체처(一切處)에 이지러짐이 없음을 얻으리라.
도리어 자세히 알겠느냐?

삼라만상이 한 법이요, 한 법이 곧 삼라만상이라, 그 속에는 다시 차별의 흔적도 없느니라.』

모두 다 성불하였음

법좌에 올라 이르되,
『고인이 이르기를 「유정 무정①이 다 성불하였다.」
하니 대중은 또한 일러 보아라.』

대중이 말이 없거늘 스님이 이르되,
『나에게 한 말이 있으니,
양반의 자제로 서자를 삼는 것도 또한 옳지 못하거
늘, 하물며 백정의 집에 양자가 될까 보냐.』

[註]
① 유정 무정(有情無情) = 동물·식물·광물. 정식(情識)이
있는 중생과 정식이 없는 것들.

삼세제불을 삼켜 다함

법좌에 올라 이르되,

『3세의 모든 부처를 삼켜 다해버린 사람이 무엇 때문에 입을 열지 못하며, 4천하①를 비추어 타파한 사람이 무엇 때문에 눈을 감지 못하는고! 허다한 병통을 너로 더불어 일시에 잡아내어 물리치게 하리라.

또한 일러라. 어떻게 충분히 이루어서 사무쳐 통달해감을 얻을 것인고? 도리어 알겠느냐?

화악(華岳)②을 쳐부수어 갈라 놓으니 하늘의 빛을 연하고,

황하(黃河)③를 방출하여 바다에 이르는 소리로다.』

[註]

① 4천하(四天下) = 수미산(須彌山)을 중심으로 4방에 있는 네 개의 대주(大洲).

② 화악(華岳) = 오악(五嶽) 중에 제일 큰 봉우리 산.

③ 황하(黃河) = 중국 북부에 있는 제일 큰 강. 큰 삼각주(三角洲)를 형성하고 발해(渤海)로 흐르는데, 토사 운반량이 세계에서 제일이다.

묘하게 밝음

법좌에 올라 이르되,
『성품의 각(覺) 자리가 묘하게 명백하고
본래의 각 자리가 명백히 묘함이라,
태허공(太虛空)으로 더불어 양이 같고,
만물로 더불어 도(道)가 같도다.
빛을 응하고 소리를 응하여 들음을 따르고 봄을 따름이라,
3세에 들어가되 가고 오지 아니하며,
만 가지 인연에 섞이되 바르고 거꾸러짐이 없도다.
도리어 알겠느냐?

구름 속에 해가 나직하매
한일 자로 날아가는 기러기가 가로질렀고,
밤두꺼비①가 떨어지는 곳에
외로운 원숭이가 부르짖는구나.』

[註]
① 밤두꺼비 = 달을 가리킴.

마음에 스스로 마음이 없음

법좌에 올라 이르되,
『마음이 <u>스스로</u> 마음이라는 상(相)이 없어야
비로소 이것이 제 마음이요,
제 눈이 눈이라는 상이 없어야
비로소 이것이 제 눈이니라.

당당하여 형적이 없고 역력하여 생각이 끊어진 지라
명백하고 원만한 둘레 가운데 토끼가 달을 품었고,
푸른 빛 비낀 바다 위에 가을산이 반사하여 비침이
니라.
곧 현현하고 미묘함을 다하여 비로소 마치는 일을
알리라.

또 일러라. 마치는 일은 무엇인고?
지혜가 미치지 못하는 곳에 이르렀다고 말하기를 간
절히 꺼려하노라.』

본래 광명

법좌에 올라 이르되,
『법계엔 한 낱 티끌도 없어 마음의 달이 본래로 둥글고
밝은 광명은 도리어 깨닫기 이전에 비침이라,
금일에 곧바로 분명히 밝혀 가라.

덕숭산(德崇山)에 머문 지 40년에 무엇을 위함이 이와 같은고?
금가루가 비록 귀하나 눈에 떨어지면 병이 되나니라.』

별달리 긴요한 법이 없음

법좌에 올라 이르되,
『좌선하는 법은 별달리 긴요한 법칙에 있는 것 아님
이니,
일체 망상이 고요함이 곧 좌(坐)요,
화두①의 의심이 성성(惺惺)함이 곧 선(禪)이라,
성성함과 적적함을 같이 가지면,
하루 해가 가기 전에 참선하는 일을 성취하리라.
성성함과 적적함은 그만 두고 어찌 하려는고?』
양구하고 이르되,

보배 궁전②에 무단히 살되 내 하는 것이 없으니,
4해와 5호가 법왕의 화(化)를 입음이로다.

주장자로 법상을 치고 법상에서 내리시다.

[註]
① 화두(話頭) = 참선할 때의 의심을 내는 방법.
② 보배 궁전 = 부처님의 진신처(眞身處).

풀이 한 길이나 되다

법좌에 올라 이르되,

『「화엄경」[1]에 이르기를 「금강산 중향성(衆香城) 법기보살(法起菩薩)[2]이 1만 2천 보살로 더불어 항상 주하여 법을 설함이라」 하니, 살피지 못하겠도다. 법기 보살이 무슨 법으로써 대중에게 보이었는가?

「이 때에 법기 보살이 1만 2천 보살을 부르니 1만 2천 보살이 문득 응답하였다. 법기 보살이 이르기를 풀이 한 길이나 깊도다.」하였으니, 대중은 또한 일러라.

만약 이 뜻을 알아 얻으면, 참학(參學)하는 일을 마칠 수 있거니와, 만약 이 뜻을 알아 얻지 못하였다 할진댄, 눈[眼] 있는 돌사람[石人]이 눈물을 흘리리라.』

[註]

① 「화엄경(華嚴經)」 = 석가모니께서 도를 이룬 뒤 27일 되던 날에 법계(法界) 평등의 진리를 증오(證悟)한 불(佛)의 만행(萬行)·만덕(萬德)을 칭양(稱揚)한 경전(經典).

② 법기 보살(法起菩薩) = 금강산에 상주(常住)하는 보살로 「화엄경」의 1만 2천 보살 가운데 가장 주(主)되는 보살.

결제 때 대중에게 보이다

법좌에 올라 이르되, 『맺을 때에도 맺음이 없고, 풀 때에도 풀음이 없으니, 맺고 풀음을 함께 분명히 해서, 아무리 다녀도 다님이 없이 다니며, 아무리 앉아도 앉음이 없이 앉았다면, 곳곳마다 참으로 걸림이 없을 것이다.』

또한 이르되, 『세존이 도리천(忉利天)①에 올라가시어 어머니를 위하여 법을 설하시고, 내려오실 때에 연화색(蓮華色) 비구니가 신통력으로써 가장 먼저 나가서 친견하니, 부처님께서 말씀하시되, 「네가 나를 먼저 본 것 같지만, 바위 위에 앉아 있는 수보리(須菩提)②가 가장 먼저 부처를 보았느니라.」 하시었으니, 이제 여기 대중③은 어떻게 부처님을 뵈올 것인고? 각기 대답하여 보아라.』

대중이 대답을 못하거늘 스님이 양구하고 이르되,
『만약 곁에 사람이 있으면 여래선(如來禪)을 면하지 못할 것이고, 또한 조사선(祖師禪)을 얻지 못하였을 것이니라 하리라.

고기가 행하니 물이 흐리고,
새가 날으니 깃이 떨어지도다.』

상당 법어

주장자를 들어 법상을 세 번 치고 법좌에서 내리시
다.

[註]
① 도리천(忉利天) = 六욕천(六慾天)의 둘째 하늘. 수미산(須
彌山) 꼭대기 염부제(閻浮提)의 위 8만 유순(由旬)에 있음.
② 수보리(須菩提) = 석가모니 10대 제자의 한 사람.

마음에는 붙일 바가 없음

법좌에 올라 이르되,
『마음에는 붙일 것이 없어서 그 형상은 의지할 바가 없으며, 발로 걸을 바가 없으며, 언어로 이를 바가 없으며, 가히 보았으되 모양을 이름할 수가 없으며, 가히 얻었으되 만져 헤아릴 수가 없으나 삼라만상이 그 용과 같고 태허공이 그 체와 같도다.

놀며 이르는 곳마다 무리 가운데 신선이요, 일체 경계에 응하니 티끌 가운데 축생류에까지 응함이로다.

그러므로, 조사가 이르되,
「참성품 마음 가운데 감추어진 것이 머리도 없고 꼬리도 없음이로되 인연을 따라 모든 중생을 교화하며 문득 방편을 불러서 지혜를 삼는다.」하니,
또한 어떠한 것이 인연을 따라 만물을 교화하는 방편 지혜인가? 도리어 이 도리를 알겠느냐?

앉아 자주 술을 권한다고 괴이하게 여기지 말라. 이별한 뒤로부터는 그대와 보기도 드물 것이니라.』

할

법좌에 올라 이르되,『옛날에 임제(臨濟)[①] 스님은 항상 할을 쓰시고, 덕산(德山)[②] 스님은 항상 방을 쓰시었다 하니 금일 대중은 임제의 할을 친하였느냐, 덕산의 방을 친하였느냐?』

이때에 벽초(碧蕉)[③] 선화가 곧 나와서 예배하니, 노사가 묻되,『벽초는 임제의 할을 친하였느냐, 덕산의 방을 친하였느냐?』

벽초가 대답하되,『임제의 할도 친하지 아니하였고, 또한 덕산의 방도 친하지 아니하였습니다.』

스님이 이르되,『그러면 무엇을 친하였느냐?』

벽초가 스님의 소리가 떨어지자 크게 할을 하니, 스님이 방망이로 한 번 때리시거늘, 벽초가 절을 하고 자리로 돌아가매,

스님이 이르되,『앞에도 없고 뒤에도 없는 이 벽초로구나.』

[註]
① 임제(臨濟) = 중국 당(唐) 나라의 고승(高僧)으로 역대 조사의 법맥(法脈)을 이은 종주(宗主).
② 덕산(德山) = 중국의 방(棒)을 잘 썼다는 명안종사.
③ 벽초(碧超) = 덕숭산 수덕사에서 주석(住錫)한 선사.

선학원에서 대중에게 보이다

스님이 법좌에 올라 이르되,
『목우자(牧牛子)[1] 스님이 이르시되 「대저 처음 마음의 사람은 모름지기 악한 벗을 멀리 여의고, 어질고 착한 이를 친히 가까이 하여 5계와 10계 등을 받아서 잘 지키고 범하고, 열고 막을 줄을 알라.」 하셨다.

이 두어 글귀 가운데 꼭 한 글자가 사람으로 하여금 능히 죽이고, 능히 살리고, 능히 놓아 주고, 능히 빼앗고 하는 글자가 있으니, 대중은 눈을 바로 뜨고 자세히 보아라.』

[註]
① 목우자(牧牛子) = 고려 때의 보조 국사(普照國師)의 호.

온 세상을 비침

법좌에 올라 이르되,
『온 세상 다 비치는 이놈, 소식이 평침(平沈)하고
세상 밖에 홀로 있어 그윽하고 신령한 대가 끊어졌
도다.
면밀하여 새지 아니하고, 넓고 넓어서 모퉁이가 없
음이로다.
맑은 허공 서로 한결같아 이 도리에는 명상과 언어
가 끊어지고,
원만히 열 가지가 완성하여 도에 모남이 없도다.

모든 선덕아! 이것이 모든 부처님의 열반이니,
일체 환몽의 인연이 이로 좇아 멸하여 다하느니라.
또 일러라.
이러한 시절에 이르러서는 또 어떻게 밟아갈 것인
가.』

양구하고 이르되,

서리 찬 하늘에 달은 지고 밤이 깊었는데,
누가 맑은 못 찬 그림자를 비출고.

밝고 신령하나 유가 없음

법좌에 올라 이르되,
『6근^①의 근원을 돌이키면
철저히 신령스럽고 밝음이 짝이 없으며,
4대의 본성으로 돌아가
온 몸이 본래 청정하여 한 티끌도 없으며,
곧 바로 인연을 돈절하여 상속됨을 끊으며,
옛과 지금이 혼연하여 다름이 없으리라.

모든 사람은 도리어 체득하여 자세히 아느냐 마느냐?』
송(頌)하여 이르되,

백로는 싹트지 않은 가지 위에 꿈꾸고,
각화(覺花)는 그림자 없는 나무 끝 봄일레.

[註]
① 6근(六根) = 6식(六識)을 낳는 여섯 가지 근. 곧 눈·귀·코·입·몸·뜻.

이마에 사무치고 밑바닥에 사무침

법좌에 올라 이르되,
『이마를 투득하고 밑바닥까지 투득하여 뿌리에 사무치고 근원에 사무친 사람이 무엇 때문에 걸어갈 때에 길 머리를 잃고 올라갔다 내려갔다 하며,
모난 데도 합하고 둥근 데도 합한 사람이 무엇 때문에 눈을 감을 때에 처소를 잃는가?
여러 선덕아! 어떻게 밝혀 가야 통달함을 얻어 동일하게 관철할 것인가?』

양구하고 이르되,

좋은 수완은 마치 불 가운데 연화요,
저 가풍은 스스로 하늘을 찌르는 뜻이 있음이로다.

한 티끌

법좌에 올라 이르되, 『한 티끌 가운데에 헤아릴 수 없는 국토를 갖추었고, 한 생각 가운데에 한량 없는 겁수(劫數)를 초월하였으며, 한 몸 가운데에 가없는 중생을 나타내었고, 한 몸으로 수 없는 모든 부처를 합하였도다.

그러므로, 이르되 대원각(大圓覺)으로써 나의 가람[①]을 삼아서 몸과 마음이 평등한 성품의 지혜에 있게 되나니, 이러한즉 가히 방소(方所)로써 한계를 삼지 못할 것이요, 가히 시간으로써 구애될 바가 없는 것이다.

나와 남이 화합하니 곧 물과 젖이 서로 같고, 손님과 주인이 짝하여 참례하니 곧 거울에 형상이 서로 비춤 같도다. 그런즉, 저 발을 움직이지 않고 생명을 보호함을 또한 어떻게 알아 말하리오?』 양구하고 이르되,

마음과 마음에 다른 마음이 없고,
걸음과 걸음에 미한 방소가 없음이로다.

[註]
① 가람(伽藍) = 여러 승려가 한데 모여 불도를 닦는 곳.

암자를 태우다

스님이 법좌에 올라 남전 보원(南泉普願)[①] 선사의 암자 태운 말을 들어 이르되,
『남전 스님이 젊었을 때에 잠시 풀로 덮은 암자에 한 선객과 같이 있었다. 그와 같이 산전(山田)을 매러 가서 남전은 그대로 밭을 매고, 선객은 밥을 지으러 들어와서 초암(草庵)에 불을 질러 다 태워 버리고, 푸른 빛을 띤 잔디밭의 따뜻한 햇볕을 향해 누웠거늘 남전도 그를 따라 같이 잔디밭에 누워서 하는 말이

「너만 그러할 뿐 아니라 나도 또한 그러하다.」
하였으니, 또한 일러라.
너희들은 어떻게 생각하느냐?

내가 만약 당시 그 곳에 있었던들 그 납자의 성명(性命)이 거의 위태할 뻔 하였느니라.

[註]
① 남전 보원(南泉普願) = 당(唐)나라 때의 스님. 마조(馬祖) 선사의 법제자.

팔공산 파계사 성전에서 설한 영가 천도 법문

법좌에 올라 이르되,
『업이 가벼운 자는 명이 짧고, 업이 무거운 자는 명이 길으니라.』 송하여 이르되,

허무한 것이 진실한 몸이어니
인아상(人我相)[1]이 어디에 있을까 보냐.
망령된 정령(情靈)을 쉬어 제하지 아니하고
곧바로 반야선(般若船)[2]을 타리라.

[註]
① 인아상(人我相) = 인·아·중생·수자(人·我·衆生·壽者)의 사상(四相)의 인아상(人我相)을 말한다. 인아상은 너와 나를 구별하는 상(相)이다.
② 반야선(般若船) = 무지(無智)의 중생 세계에서 상락아정(常樂我淨)의 피안(彼岸)인 정토(極樂, 열반의 세계)로 나아가는 지혜를 비유한 말.

우주가 괴멸해도
여래의 혜명은 멸하지 않는다

- 1941년 3월 10일 서울 선학원 고승대회 법어 -

법좌에 올라 주장자로 법상을 세 번 찍고 이르되,
『고인이 이르시기를 「법문을 들을 때에는 엷은 어름 밟는 것과 같이 하라」 하였으니, 이것은 법문을 들을[聽法] 때에 눈으로 다른 경계를 반연하지 말라는 말이니, 한 조각 밝음의 진실한 신심으로써 법문을 들으시오.

법문은 혼침(昏沈)하여도 듣지 못하는 것이요, 산란(散亂)하여도 듣지 못하는 것이요, 청법의 자세를 갖추어야 되는 것이니, 일체 망상을 고요히 하고 청법하려는 마음이 성성하여 지극한 정성과 간절한 신심으로 법문을 들어야만 헛된 일이 되지 않는 것입니다.

만약 혼침에 빠진 마음이나 산란에 떠도는 마음으로 법문을 듣는다면 비록 백천 만겁을 두고 법문을 들을지라도 조금도 이익이 없을 것입니다.

전일에 박 한영(朴漢永) 스님이 부처님께서 설하신 「범망경(梵網經)[①]」을 설하고, 아까 동산(東山) 스님이 또 「범망경」은 한 번 들어서 귀에만 지날지라도 그 공덕으로써 능히 백천 만겁의 죄를 해탈하고 곧 성불함을 얻는다고 하시었으나, 금일 산승이 비록 법문을 설한다 할지라도 부처님께서 친히 설하신 법문에는 미칠 수가 없는 것이니, 무슨 법문을 설하리오.

그러나, 4부 대중[2]이 이미 운집하여 나에게 굳이 설법하기를 청하니 만약 설하지 않는다면 도리어 분주를 떠는 것 같아서 부득이 이 자리에 오르게 된 것입니다.

그러나, 듣는 분들이 듣고 실행하면 일언 일구가 다 좋은 법문이 될 것이요, 듣는 분들이 듣고도 실행하지 아니하면 비록 좋은 법문이라도 헛되게 돌아가고 말 것이니, 오직 원컨댄 대중은 듣고 실행하여 주기를 바라는 바입니다.

세속 사람들도 말하기를 부모에게 불효함이 세 가지가 있는데 무후 절손(無後絶孫)이 가장 크다고 하였으니, 우리 불법도 또한 그러하여 불자의 몸으로써 부처님의 혜명을 이어 전하지 못한다면 이것이 불법 중에 큰 죄인이라 하겠습니다.

부처님의 혜명이란 무엇인가? 세존이 설산(雪山)에 들어가시어 六년 동안을 앉아 동하지 아니하시고 납월 초여드렛날[3] 새벽 밝은 별을 보시고 견성 오도(見性悟道) 하시었다 하니, 그때에 세존은 바로 부처의 혜명을 증득하신 것입니다.

그러나, 현전 대중은 이 부처님의 혜명을 이었다고 보는가? 이 혜명은 불에 들어가도 타지 않고, 물에 들어가도 젖지 않고, 모난 것도 아니요 둥근 것도 아니요, 짧은 것도 아니요 긴 것도 아니요, 나는 것도 아니요 죽는 것도 아니요, 시작함도 없고 마치는 것도 없는 것이니, 비록 우주는 괴멸해도 여래의 혜명은 마침내 멸하지 않는 것입니다.

어떻게 하면 혜명을 이을 것인가?

사람들이여! 꿈도 없고 생시도 없는 경계를 아는 이가 있는가?

온 세계와 내가 모두 적멸하여야 남과 나라고 하는 상이 끊어지니, 정히 이러한 때를 당하여 나의 주인공이 어떤 곳에 있어 안신입명(安身立命)을 하는가?

이 경계를 깨달은 자라야 곧 이것이 부처님의 맏아들 적자인 것입니다. 만약 그렇지 못하다면 주인공의 안신입명을 깨닫지 못한 자이며, 부처님의 혜명을 이은 자가 아닙니다.

이와 같이 자기의 마음을 깨닫지 못하고 부처의 혜명을 잊지 못한 자라면, 머리를 깎는 삭발은 그만두고 눈썹까지 깎는 자라 할지라도 불자가 될 수 없는 것입니다.

부처의 혜명을 계승하지 못한 자라면 천상 천하(天

上天下)에 용납할 수 없는 큰 죄인이 될 것이니, 마땅히 불자라면 항상 부처님의 혜명을 이을 생각을 가져야 하겠소. 혹은 이러한 생각은 세속 사람에게는 관계가 없는 일이라고 말하는 이가 있으나, 그것은 아무것도 모르는 사람이 하는 말이니, 실로 그렇지 않습니다.

왜냐 하면 부처님은 3계[④의] 대도사이신지라 4생[⑤] 6취[⑥]가 다 부처님에게 속한 것이니, 그런 즉 비록 세속의 사람일지라도 자기 주인공의 안신 입명처를 깨달은 자라야 가히 사람 가운데 사람이라 하겠습니다.

만약 그렇지 않다면 사람 가운데 있어도 사람이라 하지 못하겠으니, 그러므로 혜명을 얻은 자는 참으로 사람이요, 혜명을 얻지 못한 자는 사람이 아니라 4생 6취에 윤회하는 1분자의 사람이라 하겠으니, 어느 때는 말과 소가 되고, 어느 때에는 날짐승 길짐승[飛禽走獸]이 되어 6취 중에 왕복하지 않을 때가 없습니다.

그러므로 6도의 윤회를 면하고자 하려면 **꿈도 없고 생시도 없을 때에 자기의 주인공이 어느 곳에 안신 입명하는가를** 깨달은 자라야 바로 참된 사람이니, 비로소 6도 윤회를 면하는 참 사람이라 하겠습니다. 우리 불법의 선문(禪門) 가운데 벽을 바라보고 마음을 관하는 것도 또한 다른 일이 아니라 안신 입명처를 깨달아 부처님의 깨달음과 같이 하여 길이 참된 사람이 되려는 본의라 하겠습니다. 다만 출가한 승려만이 하는 일이요 세속 사람에게는 해당되는 일이 아니라면 불법을 어찌 바른 정법이라 하겠습니까.

백천 만겁에 다시 이류(異類)인 동물이 되지 않고, 참 사람이 된다면, 속(俗)이 곧 진(眞)이요 진이 곧 속이라 진·속이 둘이 아닐 것입니다.

그러나, 어리석은 사람이 불법을 보는 소견으로는 의복을 입는 것이나 음식을 먹는 것으로만 보면 승속이 다름이 없거늘 무슨 까닭으로 세상에 불법이 있어 이 세상 사람을 번거롭게 하느냐고 말하는 이가 있으나, 그것은 실로 그렇지 않습니다.

불교는 세상을 여의고 있는 것이 아니요, 4생 6취가 다 각성(覺性)을 가지고 있으니 각이 아닌 자가 없는 것입니다. 이 각이란, 자기 마음을 깨달음이 곧 불교라 함이니 불법은 본래 이와 같건마는 중생이 천만 가지의 근성(根性)이 제각기 다름이 있는 까닭으로 불법도 또한 천만 가지의 방편이 있는 것입니다.

그러나, 비록 근기로써 논한다면 곧 이것이 다 부처 아님이 없음이라 깨치면 성인이요 부처이며, 미하면 곧 범부요 중생인 것입니다.

그러나, 깨닫는 것이란 어려웁기도 하고 또한 쉽기도 하나, 어렵다는 것은 석가 세존과 같은 성인도 설산에 들어가시어 6년이나 고행을 하시고 깨달으시었거니 범부의 업신으로 실로 수행의 분이 없이 어찌 쉽게 깨달을 수 있겠는가? 그런 까닭으로 어려운 것입니다.

그러나, 쉽다고 말하는 것은 쉽고 쉬워서 터럭 한 오리만큼도 간격이 없고 **자기의 마음 말고는 한 물건도 없다**는 것을 깨달아야 함이니 의복을 입고 음식을 먹으며, 행하고 주하고 앉고 눕고, 어묵 동정(語黙動靜)의 일체처 일체시가 다 마음의 작용이어서 불법은 곧 마음인 것입니다.

이 도리를 깨달으면 눈을 뜨고 감음에 다 닥치는 곳마다 불법이 아닌 것이 없는 것입니다. 그런즉 하필 불공을 드리고 가사를 짓고 탑을 쌓고 부처님에게 개금 개분을 하는 것이 불법이겠습니까?

깨달은 자의 행동은 일마다 다 불사요, 미한 자의 행동은 비록 선행을 하더라도 다 옳지 못한 것입니다.

또 세상에는 불법을 비방하는 사람이 있어 말하되 이제부터 얼마 아니 가면 반드시 종교가 멸망할 때가 있으리라고 하나 이것은 어리석은 자의 말이라 실로 그렇지 않습니다.

불교는 멸망시킬 수도 없고, 번창시킬 수도 없는 것입니다. 만약 불교를 멸망시킨다면 사람이 자기의 마음을 멸망시키는 것과 같으니, 혹 세상 사람으로서 자기의 마음을 멸망시킬 수가 있겠습니까? 그렇다면 자기의 마음이 곧 불법이요 자기의 몸이 불교이거늘 어찌 감히 불교를 멸망시킨다고 하겠습니까? 이것은 도무지 불법을 알지 못하고 하는 말이라 하겠습니다.

또는 이것은 나 뿐 아니라 모든 성현께서 이구 동음(異口同音)으로 마음이 곧 이 부처니라 하시었으니, 이것은 한 사람의 말이 아니어늘 어찌 헛된 말이라 하겠는가?

불법을 없애고자 하는 사람의 마음이 곧 부처인 것이니 자기 자심(自心)을 어떻게 멸망시킬 수 있겠는가. 만약 법요의 의식과 형상으로 불법을 삼는다면 혹 멸망시킬 수가 있을지 모르나, 곧 마음이 이 부처인 이상에는 멸망시킬 수가 없는 것입니다.

설사 이름이 난 스님네가 없어서 불법을 비방할 지라도 형식에 지나지 않는 일이요, 혹 사원을 헐고 불상을 철거한다 할지라도 이것은 자기를 속이는 행위라 하겠습니다.

왜냐 하면 비록 불상은 없앤다 할지라도 사람의 마음은 오히려 있는 것이니, 그러므로 불법은 억만 겁을 지날지라도 옛 것이 아니고, 억만 세를 뻗어도 새롭지 아니하여 항상 이제와 같은지라 불생불멸하고, 부증불감하여 온 세계[盡大地]의 항하사 중생이 다 이 가운데 유희하는지라 불법은 본래 이와 같으니, 이렇게 알고 지극한 마음으로 숭봉하면 바야흐로 자타의 속임을 받지 않고, 장래에 불행한 일이 없을 것입니다.

여러 말을 할 것 없이 원래 불법은 입을 열기 전에 그르침이라, **입을 열면 곧 어긋나고 생각만 동하여도 곧 어김[開口卽錯 動念卽乖]**이라 하였으니 횡설수설로 종일 설할지라도 이 불교의 근본에 있어서는 모두 다 마군의 업[魔業]인 것입니다.

「허공장경」에 이르되 「명상도 마업이요, 문자도 마업이요, 내지 부처님의 말씀에 이를지라도 역시 마업이니라」 하시었으니, 이 무슨 까닭이랴. 부처님이 말씀하시되 「나는 49년간을 설법하였지만 한 글자도 한 말도 설한 바가 없느니라」 하시었으니, 그런고로 「열반경」[7]에 이르되 「열반경 40권이 다 마설」이라 하시었습니다.

그러면 어떠한 곳을 향하여 마업이라 이르는가? 이 도리를 증득한다면 석가 여래가 다시 재현함이라 하겠습니다.』

게송으로 가로되,

망에 망이 없으면 망이 곧 진이요,
진에 진이 없으면 진이 곧 망이로다.
이와 같은 진·망 밖에
달마가 서쪽에서 오셨도다.

라고 읊고, 주장자로 법상을 세 번 치고 하좌하다.

[註]

① 「범망경(梵網經)」 = 대승계율(大乘戒律)의 제일 가는 경전. 상권에는 보살의 심지(心地) 법문을 하였고 하권에는 대승계법을 설하였다.

② 사부 대중(四部大衆) = 불문의 네 부류의 제자로서 출가불자인 비구(比丘: 男僧)·비구니(比丘尼: 女僧), 재가불자인 우바새(優婆塞: 男信徒)·우바이(優婆夷: 女信徒)를 말한다.

③ 납월(臘月) 8일 = 석가세존께서 설산(雪山) 보리수(菩提樹) 아래에서 성도(成道)하신 음력 섣달 8일.

④ 삼계(三界) = 생사 유전(生死流轉)이 쉴 새 없는 미계(迷界)를 욕계(欲界)·색계(色界)·무색계(無色界)로 분류하여 삼계라 한다.

⑤ 사생(四生) = 생물이 태어나는 네 가지 방법. 태생(胎生)·난생(卵生)·습생(濕生)·화생(化生).

⑥ 6취(六趣) = 육도(六途)라고도 하며, 생사 윤회를 하는 지옥(地獄)·아귀(餓鬼)·축생(畜生)·아수라(阿修羅)·인간(人間)·천상(天上)을 말한다.

⑦ 「열반경(涅槃經)」 = 부처님께서 최후에 말씀한 경전.

일본인 총독 남 차랑(南次郞)[①]에게 일할(一喝)

- 1937년 3월 11일 총독부 제일 회의실에서 -

만공 스님이 충남 대본산 마곡사 주지로 잠깐 계실 때의 일이다. 마침 31본산 주지 회의가 조선 총독부 제 1회의실에서 열린다고 초청을 해서 부득이 상경하였더니, 조선 13도 도지사와 31본산 주지가 모여서 조선 불교의 진흥책을 논의하려는 참이었다.

그때에 일본 총독 남 차랑이 혀를 놀려 말하기를, 『조선 불교는 과거엔 아무리 고유한 역사를 가졌다 하더라도 현재로는 부패한 불교이므로 전날의 총독이었던 사내정의(寺內正毅)씨의 공이 막대하거니와, 장차는 마땅히 일본 불교와 조선 불교를 합하여야 잘 된다.』하고는 일본 침략 정책에 의하여 한국 불교 전통을 말살하고, 민족 주체 사상을 괴멸시키려는 야심으로 강력한 설득 작업을 하였다.

이에 스님이 분연히 자리를 차고 일어나 등단하여 크게 호령하여 이르되,
『청정(淸淨)이 본연(本然)커늘 어찌하여 산하 대지(山河大地)가 나왔는가?』
하고 좌중에게 물었다. 이에 좌중은 물을 끼얹은 듯

조용하였다.

스님이 큰 소리를 떨쳐 한 번 할을 하니, 그 소리와
위엄이 장내(場內)에 넘쳤다.

일당 좌중이 놀라 어찌할 줄을 모르거늘 스님이 다
시 그 불가함을 말씀하시기를, 『전 총독 사내정의는
우리 조선 불교를 망친 사람이다. 그리하여, 전 승
려로 하여금 일본 불교를 본받게 하여 대처(帶妻)·
음주(飮酒)·식육(食肉)을 마음대로 하게 하여, 부처
님의 계율을 파하게 한 불교에 큰 죄악을 지은 사람
이다. 이 사람은 마땅히 지금 무간 아비지옥(無間阿
鼻地獄)[2]에 떨어져서 한량없는 고통을 받음이 끝이
없을 것이니라.

우리 조선 불교는 1천 5백년 역사를 가지고 그 수
행 정법과 교화의 방편이 여법하거늘 일본 불교와
합하여 잘될 필요가 없으며, 정부에서 종교를 간섭
하지 말라. 불교 진흥책은 정부에서 간섭하지 않는
것만이 유일한 진흥책이다.』

또 정치와 종교와는 분립해야 한다는 적극적인 정교
(政敎) 분립 선언을 제기하고, 소매를 떨쳐 하단하였
다.

이 날 밤, 스님의 도반인 한 용운(韓龍雲)[3] 스님이
찾아와서 이르되, 『잘했다, 사자후(獅子吼)여! 한 번
할을 하매 그들의 간담이 떨어지게 하였구나. 비록

한 번 할을 한 것도 좋기는 하지만, 통쾌한 방망이를 휘둘러 때려 주고 나올 것이지……』하였다.

스님이 크게 웃으며 말하되,

『차나 한 잔 드세, 이 좀스런 사람아! 어리석은 곰은 방망이를 쓰지마는, 영리한 사자는 할을 쓰느니.』

하였다.

그 이튿날이었다. 시간동 포교당의 신도 대중들이 스님을 청하매, 법상에 올라 설법을 하게 되었다. 그때 대중 가운데 무엄한 자가 있어 가만히 법상 뒤로 돌아가서 법상을 번쩍 들어 메쳐, 스님을 땅에 떨어져 구르게 하였다. 그러나, 스님은 조금도 변색하는 일이 없이 적연 부동(寂然不動)하고, 태연 자약하여 묵묵히 앉아 양구하고 조용히 일러 말하되,

『너는 어찌 다만 법상을 밀어 거꾸러뜨릴 줄만 알고, 붙들어 일으킬 줄을 모르느냐? 매듭만 짓고 풀 줄을 모르니 과연 용두 사미(龍頭蛇尾)로구나.』하고, 일어나시니, 이런 일이 있은 후로부터 스님의 영명(英名)이 일국에 충만하게 되었다.

[註]

① 남 차랑(南次郎) = 일본의 군인. 1929년 조선군 사령관, 1936년부터 7대 조선 총독으로 6년 재임. 창씨개명(創氏改

名)·일어상용(日語常用) 등 민족문화 말살정책을 무도(無道)
한 무단정치(武斷政治)로 강행한 2차 세계대전의 전범(戰犯)
으로 종신형을 받은 자이다.

② 무간아비지옥(無間阿鼻地獄) = 팔열(八熱) 지옥의 하나. 5
역죄(五逆罪)의 하나를 범하거나, 절을 파하거나, 성중(聖衆)
을 비방하고 시주(施主)한 재물을 함부로 축내는 자들은 이
지옥에 떨어진다.

③ 한 용운(韓龍雲) = 호(號)는 만해(萬海). 3·1운동 때 민
족대표 33인 중의 한 분. 항일 독립운동(抗日獨立運動)에 앞
장 선 선·교(禪敎)에 밝은 큰스님.

덕숭산 정혜사 능인선원 전경

거 량 擧揚

- 선문답 -

매미 소리로 안목을 가리다
- 보덕사에서 수박 공양할 때 -

만공 스님이 대중과 더불어 수박 공양을 하려 할 때였다. 마침 나뭇가지에서 유유히 우는 매미 소리를 들으며 대중을 둘러보고 이르기를,

『누구든지 날랜 사람이 있어 매미를 맨 먼저 잡아 오는 사람에게는 수박 값을 안 받기로 하고, 만일 못 잡아온다면 동전 서푼씩 받아야 하겠으니, 여기에서 대중들은 모두 한 마디씩 일러 보아라.』 하였다.

이때에 어떤 이는 매미 잡는 시늉을 내고, 어떤 이는 매미 우는 소리를 내었으며, 어떤 이는 할을 하였고, 어떤 이는 주먹을 들어 보이는가 하면, 또 어떤 이는 스님의 등을 탁 때리고 말하기를, 『매미를 잡아 왔습니다』 하니,

스님이 말하기를, 『모두 돈 서 푼 내라』 하였다.

그때에 금봉(錦峰) 선화(禪和)가 나와서 원상(圓相)을 그려 놓고 말하기를,

『상 가운데는 부처가 없고[相中無佛], 부처 가운데는

상이 없습니다[佛中無相]』했다. 그러나, 스님은『금봉 자네도 서 푼 내게』하였다.
마침 보월(寶月) 선화가 들어오자 스님이 이르기를,
『지금 대중이 이러이러했으니, 자네는 어떻게 하겠는가?』하였다.
보월은 곧 주머니 끈을 풀고 돈 서너 푼을 꺼내 스님에게 올렸다.
스님이 비로소 웃으며『자네가 비로소 내 뜻을 알았네』하였다.

[評]
바다 밑 진주를 취하고저 하는 자 바다 밑까지 뛰어들라.

작은 고기의 꼬리

금봉 선화가 대승사(大乘寺)에 있을 때에 글로써 스님께 물어왔다.

『제가 금붕어 한 꼬리를 낚고자 하오니 스님께서는 허락하여 주시겠습니까?』

스님이 답하되,『너에게 작은 고기 한 꼬리를 허락하노니, 먹겠느냐 말겠느냐?』하였다.

[評]

작은 고기가 아무리 입이 커도 큰 고기를 삼킬 수 없다.

다못 목전에 있다

어떤 학인이 스님께 『불법이 어디에 있습니까?』하고 물었다.
스님: 『다못 네 눈앞에 있느니라.』

학인: 『눈앞에 있다면 저에게는 어찌하여 보이지 않습니까?』
스님" 『너에게는 너라는 것이 있기 때문에 보이지 않느니라.』

학인 『스님께서는 보셨습니까?』
스님 『너만 있어도 안 보이는데 나까지 있다면 더욱 보지 못하나니라.』

학인: 『나도 없고, 스님도 없으면 볼 수 있겠습니까?』
스님: 『나도 없고, 너도 없는데 보려고 하는 자가 누구냐?』
여기서 그 학인은 살펴 가게 되었다.

[評]
금가루가 비록 귀하나, 눈에 들어가면 병이 된다.

물그릇을 던지다
- 수월 스님 -

만공 스님이 어느 날 수월 스님과 같이 앉아 이야기를 하는데, 수월 스님이 숭늉 물그릇을 들어 보이며,

『이 숭늉 그릇을 숭늉 그릇이라 하지도 말고, 숭늉 그릇 아니라 하지도 말고, 한 마디 똑바로 일러 보소.』 하였다.

만공 스님이 문득 숭늉 그릇을 들어 밖으로 집어 던지고 묵묵히 앉아 있으니, 수월 스님이 『참 잘하였소!』 하고 찬탄하였다.

[評] 한 구덩이에 다른 흙이 없구나.

문 앞에서 곡성을 지어 문답하다
- 혜봉 스님 -

혜봉 스님이 어느 날 만공 스님을 찾아와 문 안에까지 들어오지 않고, 밖에서 세 번 곡성(哭聲: 아이고 아이고)을 하니, 스님은 방에 누워 있는 자세로 이 소리를 듣고, 역시 세 번 곡성을 내어 회답하였다.

그러자, 혜봉 스님이 방에 들어와 『하하……』 하고 크게 웃으니, 스님은 벌떡 일어나 손뼉을 세 번 쳤다.

[評] 풍설(風雪)이 과연 심하구나.

무자 10종병에 대한 문답

망월사 용성(龍城) 조실스님에게 대중이 이르기를,
『지금 제방에 월분과도(越分過度)하는 학인(學人)들이
많습니다. 무슨 문제 하나 내어 주시면 제방에 돌려
경책(警策)하려 합니다.』하였다.
용성 스님이 『조주(趙州) 스님 무자 화두에 열 가지
병을 여의고 한 마디 일러 보시오.』하는 글귀를 각
선방(禪房)에 돌렸다.
이에 덕숭산(德崇山) 만공 스님의 회답은, 『중이 조주
에게 묻되 「개도 불성(佛性)이 있습니까, 없습니까?」
조주 스님 이르되, 「무(無)라 하였다」고 하였고,
금정산 혜월(慧月) 스님은 답하기를 맹성(猛聲) 1할(一
喝)하고 『나의 이 한 할이 옳으냐, 그르냐?』하였고,
태화산(泰華山) 성월(性月) 스님은 답하기를 『망월산
마루턱 구름이요, 금정산 아래 도적이로다』하였고,
상왕산(象王山) 보월(寶月) 스님은 『이 날 무(無)자가
몇 가지 병인가?』하였고,
삼각산(三角山) 용성 스님의 자답은 『박 넝쿨이 울타
리를 뚫고 나가 삼밭에 누웠도다』고 하였는데,
후일 혜암(惠菴) 스님은 평하기를 『한가한 경계에 병
들어 누운 사람이라』하였다.

[評] 더욱 깊어지는 중병자(重病者)들이여.

서신 문답 1
– 한암 스님이 묘향산에 머물 때 –

만공 스님이 한암 스님에게 편지하기를,
『우리가 이별한 지 10여 년이나 되도록 서로 거래
가 없었도다. 구름과 명월과 산과 물이 어디나 같건
만, 언제나 북쪽을 향하여 바라건대 북녘 땅에는 춥
고 더움이 고르지 못할까 염려되오.
북방에만 계시지 말고, 걸망을 지고 남쪽으로 와서
납자들이나 지도함이 어떠하겠소?』하였다.
한암 스님으로부터 답서가 오기를, 『가난뱅이가 묵
은 빚을 생각합니다』하였다.

만공 스님이 다시 이르되, 『손자를 사랑하는 늙은
첨지는 자연히 입이 가난하다오』하였다.
한암 스님이 이르되, 『도둑놈 간 뒤에 활줄을 당김
이로다』하였다. 스님이 다시 이르되, 『도둑놈 머리
에 벌써 화살이 꽂혔느니라』하였다.

[評]
갈수록 높은 산, 아름다운 경치로다.

서신 문답 2

- 한암 스님이 금강산에 있을 때 -

만공 스님:『한암이 금강산에 이르니, 눈 위에 서리까지 겹쳤도다. 지장 도량(地藏道場)에 업경대(業鏡臺)가 있으니, 허물이 얼마나 되오?』

한암:『묻기 전과 물은 후를 합하여 30방을 맞았습니다.』

스님:『맞은 뒤 소식은 어떠하시오?』

한암:『지금 곧 잣서리가 한창이니, 이때를 놓지지 말고 오셔서 같이 먹으면 어떻겠습니까?』

스님:『암두의 잣서리 늦은 것은 원통하지만, 덕산의 잣서리 늦은 것은 원통하지 않소.』

한암:『암두와 덕산이라는 이름은 알았으나, 그들의 성은 무엇이라 합니까?』

스님:『도둑놈이 벌써 천리는 도망갔을 터인데 문전 나그네여, 성은 물어 무엇하겠소?』

한암:『금선대(金仙臺)[1] 안에 보배 화관이여! 금·은·옥·백으로 견주기 어렵도다.』

스님은 최후로 아래와 같은 그림을 그려서 보냈다.

[評] 웃음 속에 감춘 비수(匕首).

[註] ① 금선대(金仙臺) = 만공 스님이 주석하시던 처소.

오대산에서 돌을 던져 보이다

만공 스님이 오대산 적멸보궁(寂滅寶宮)을 참배하고 돌아오는 길에 한암 스님이 산문까지 전송하러 나오매, 스님이 앞서 가다가 문득 돌멩이 하나를 주워 가지고 한암 스님 앞에 던지니, 한암 스님은 그 돌을 주워서 개울에 던져 버렸다.

만공 스님이 혼잣말로 『이번 걸음에는 손해가 적지 않도다』 하였다.

[評] 기대가 크면 실망도 큰 법.

여자 공양

- 보월 선화 -

보월 선화가 어느 날 여자(茹子)^① 한 개를 가지고 와서 스님에게 드리며 말하기를,

『스님은 이것을 시방 제불과 같이 공양하십시오』하니

스님이 곧 여자를 딱 쪼개어, 다 잡수시고 나서 상하를 둘러 보며,

『어떤가? 이만하면 시방 제불과 같이 공양이 되었겠는가?』하였다.

[評] 유구 무언이로다.

[註] ① 여자(茹子) = 과실(果實)의 일종.

관음 석불을 보시고
- 보월 선화 -

만공 스님이 어느 날 관음 석불 앞에 섰다가 문득
보월에게 묻되,
『여보게! 이 석불님 상호(相好)가 어떠한가?』 하니,
보월 선화가 대답하기를, 『참! 거룩하십니다.』 하매,
스님이 말없이 방장실로 돌아가셨다.

[評] 자못 문제가 적지 않도다.

종소리에 깨달은 도리
- 성월 선화 -

어느 날 만공 스님이 대중에게 이르되,

『고인이 이르기를, 「종소리에 알아 차리면[薦取]^① 북 소리에 거꾸러진다.」 하였으니, 이것이 무슨 도리(道理)인고? 모두 일러라.』

그때 성월(性月) 선화가 나와 대답하기를,

『토끼뿔이 만약 옳을진대 어찌 염소뿔을 그르다 하오리까?』하였다.

스님이 다시 묻기를, 『육조(六祖) 스님의 4구게(四句偈)에 허물이 있는 글자가 있으니, 어디에 허물이 있느냐?』 하였다.

성월 선화가 다시 답하기를, 『조상 때부터 문밖에 나오지 못한 것이어늘 오늘의 저희들이 어찌 하오리까?』

이에 스님이 이르기를, 『그대의 정안(正眼)은 내가 보지 못하고, 나의 정안은 그대가 보지 못함이로다. 이것을 똑바로 가리켜 불불(佛佛)이 상전(相傳)하고, 조조(祖祖)가 상수(相授)함이 여시여시(如是如是)함이니라.』 하였다.

[評] 종소리와 북소리의 얼켜진 화음, 어지럽게 진동하네.

[註] ① 천취(薦取) = 정안(正眼)을 밝힌 것.

한 글귀를 휘호해 주시다
- 용음 선화 -

용음 선화가 어느 날 옥판선지를 한 장 가지고 조실에 들어와서 『글 한귀를 써 주십시오.』 하고 절을 하며 청했다.
스님이 붓을 들어 다음과 같은 간단한 글귀를 써 주었다.

이것은 일 마친 사람의 경계라,
깊은 밤 원숭이 울음 산봉우리에 어지럽더라.

용음 선화는 이것을 종신토록 받들어 지녔는데 후일에 금봉(錦峰) 선화가 이 글을 보고 말하기를 『큰스님의 안목과 골수가 모두 이 글귀에 있다.』고 하였다.

[評]
늙을수록 어린애 되네.

사람 죽이기를 좋아하는 자
- 효봉 선화와 마하연에서 -

효봉 선화가 만공 스님에게 묻되, 『천하에 살인하기를 좋아하는 자가 있으니, 그게 누구입니까?』하니 스님이 대답하기를, 『오늘 여기서 보았노라.』하였다.

효봉이 다시 이르되, 『화상의 머리를 취하고 싶사온데 허락하시겠습니까?』하자
스님이 목을 길게 빼어 내미니, 효봉이 문득 예배드렸다.

다음은 만공 스님이 도로 묻되, 『「제석천왕(帝釋天王)이 풀 한 줄기를 땅에 꽂고 부처님께 여쭙기를, 범찰을 이미 지어 마쳤습니다고 하매, 세존께서 미소를 지었다.」고 하니 그 뜻이 무엇이겠는가?』
효봉이 말하되, 『스님은 참으로 절 짓기를 좋아하신다 하더니, 과연 그 말씀이 옳습니다.』하니, 스님은 한바탕 웃어 버렸다.

[評]
크게 얻으려 했으나 소득은 하나도 없다.

행각하기 위해 인사를 가서
- 고봉 선화 -

고봉 선화가 어느 날 행각하려고 조실에 들어가 떠날 것을 말씀드렸더니,
만공 스님의 말씀이, 『자네가 이왕 떠날 테면「출산게(出山偈)」나 하나 지어 보게나.』하였다.

고봉이 문득 두 팔을 흔들며,
『오늘은 바빠서 지을 수 없습니다.』하였더니,
스님이 이르기를, 『후일에 또 만나세. 잘 가게.』하였다.

[評] 동문 서답(東問西答)이 아쉽도다.

끽다 헌다

어느 날 만공 스님이 차를 마시다가 고봉 선화가 들
어오는 것을 보고 이르되,
『여보게! 나 차 마시네.』 하니
고봉이 말없이 앞에 나아가 차를 한 잔 따라 올리고
합장한 뒤 물러났다.
스님은 아무 말없이 문득 쉬시다.

[評] 꽃 피고 새 노래하는 평화로운 봄이로다.

일체가 다 나이기 때문에 극히 작은
하나의 털끝만한 정력이라도
이 나를 찾는 이외의 어떤 다른 것에
소모하는 것은 나의 손실이니라.
−만공선사

선지식의 머리 깨지는 대목
- 금봉 선화 -

금봉 선화가 혜월 스님과 같이 이야기하다가 금봉이
묻되, 『견성한 사람이 나고 죽음이 있습니까 없습니
까?』 하였다.
혜월 스님이 반문하되, 『저 허공을 보라! 생하고 멸
함이 있더냐 없더냐?』 하거늘,

금봉이 대답없이 돌아와서 만공 스님에게 이런 사실
을 얘기하니 스님이, 『왜 대답을 않고 돌아왔느냐?』
고 하였다.
이에 금봉이 『뭐라고 대답하여야 합니까?』 하니,
스님께서 이르되, 『대답이나 하라는데 무슨 잔소린
고!』 하니,
금봉이 잠시 멍멍하다가 문득 말하기를,
『스님! 참 그렇겠습니다.』 라고 말했다.

만공 스님이 이르기를, 『이것이 바로 선지식의 머리
가 깨지는 대목이니라.』 하고 문득 쉬어 가다.

[評]
스스로 일어났다 스스로 거꾸러짐.

조실 진배

- 전강 선화 -

전강 선화가 어느 날 조실에 들어가니, 만공 스님이
묻기를,
『저 하늘에 가득한 별들 가운데서 어느 것이 자네의
별인가?』하였다.
이에 전강이 곧 엎드려서 땅 더듬는 시늉을 하니,
스님이 『착하고 착하다.』하며 곧 게송을 지어 주었
다.

불조가 못 전한 것을
나 또한 얻은 바 없네.
가을빛도 벌써 저문 이 날에
뒷산 봉우리에는 원숭이 휘파람만 킥킥.

[評]
설산의 젖 향기가 코에 새롭네.

길 옆의 석불
- 서경 선화 -

서경 선화가 스님을 모시고 산길을 동행하다가 길가
의 숲속에 석불(石佛)이 하나 서 있는 것을 보았다.

서경 선화가 만공 스님에게 여쭙기를, 『스님! 이 부
처님은 어느 때에 조성한 부처님입니까?』하였다.
스님이 이르되, 『저 위음왕불[최초의 부처님] 이전에
조성했느니라.』하였다.

[評] 부처를 조성하고 파불(破佛)함이 어찌 그리 동시일런고?

부처님의 유방
- 혜암 선화 -

혜암 선화가 어느 날 만공 스님을 모시고 불전(佛殿)에 서있는데 스님이 불상(佛像)을 쳐다보며 이르시기를,
『부처님의 젖통이 저렇게 크시니, 수좌들 양식은 걱정 없겠다.』하매,
혜암이 말하기를, 『무슨 복으로 부처님 젖을 먹을 수 있겠습니까?』하였다.

만공 스님이 돌아다 보며, 『이 무슨 소린고!』하거늘,
혜암이 말하되, 『복업(福業)을 짓지 않고 어떻게 그 젖을 수용할 수 있겠습니까?』하였다.

스님이 이르되, 『저 사람이 부처님을 건드리기만 하고, 젖은 먹지 못하는구나.』하였다.

[評]
밥 그릇 속에서 굶어 죽네.

전월사를 찾아서

- 금오 선화 -

금오 선화가 어느 날 전월사(轉月舍)로 만공 스님을 찾아와 뵈옵고 여쭙기를, 『이 집에 노스님이 안 계십니까?』 하였다.

만공 스님은 『저 사람이 노스님에 눈이 가리었구나.』 하였다.

금오가 여쭙기를, 『과연 이 집에 노스님이 안 계십니다.』 하였다.

스님이 이르되, 『저 사람이 사람을 속이러 다니는 자가 아닌가?』 하였다.

금오가 아뢰기를, 『노스님은 속지 마십시오!』 하거늘,

스님이 문득 웃고 말았다.

[評] 그림의 떡이로다.

실내에 들어와 절하다
- 선학원 방장실에서 -

어느 날 금오가 조실에 들어가 예배하고 말하기를,
『노스님! 요사이 아는 것이 많사오니 제게 모르는
것 하나를 말씀해 주십시오.』하였다.
스님이 느닷없이 주먹을 들이대면서, 『알겠느냐!』
하니
금오도 또한 주먹을 번쩍 들어 마주 대었다.
스님이 벙그레 웃으며 그만 두었다.

[評] 방망이를 흔들어 달을 치려는 기세일 뿐.

서쪽에서 오신 조사
- 대은 선화 -

대은 선화가 어느 날 전월사에서 스님을 뵈옵고 말씀을 올렸다.

『소납(小衲)이 권 상로(權相老) 스님과 같이 승려 수련 지도차로 오대산 월정사를 갔을 때 상원사(上院寺)에 올라가서 방 한암(方漢岩) 스님을 친견하였는데, 상로 스님이 한암 스님에게 물었습니다.

「산 밖에는 한발이 태심하여 초목이 마르거늘 이 산중에는 그렇지 아니하여 초목이 울창하니 그 뜻이 어떠합니까?」

한암 스님이 치아를 세 번 굴리셨습니다. 소납은 본래 강학 출신이라 선리(禪理)를 모르기 때문에 지금도 그 뜻을 알 수가 없습니다.

소납이 상로 스님으로 바뀌어서 스님에게 이 뜻을 묻는다면 스님께서는 어떻게 지시하겠습니까?』 하였다.

만공 스님이 이르기를, 『이 자리는 한암과 상로의 좌석이 아닌 즉 대은의 의심한 바를 물어 옴이 가하노라.』 하였다.

대은이 묻자오대, 『조사께서 서래(西來: 서쪽에서

온)하신 뜻이 어떤 것입니까?』

만공 스님이 이르기를, 『「아난(阿難)①이 가섭(迦葉)②
에게 묻되, 금란 가사(金襴袈裟) 밖에 따로 어떤 법
을 전하였습니까? 하였다.

가섭이 "아난아!" 하고 부르니, 아난이 "네!" 하고
대답하였다. 가섭이 이르되, 문앞의 찰간(刹竿: 깃대
(幢竿)를 고정하기 위하여 사찰의 입구나 뜰에 세우
는 두개의 돌기둥)을 꺾어 버려라.」 하였으니, 이 뜻
이 무엇이냐? 만약 이 뜻을 알면 문득 조사 서래의
뜻을 알지니라.』 하였다.

대은이 일어나 절을 하거늘,
스님이 웃으며 이르되, 『아니다 아니다. 다시 참구
하여 오너라.』 하니 대은이 막혀 물러나다.

[評]
원래 지극히 가까운 것을!

[註]
① 아난(阿難) = 부처님의 10대(十大) 제자의 한 분이다. 다
문 제일(多聞第一)의 제자가 되어 부처님이 돌아가신 뒤 제
1차 경전(經典) 결집 때 중요한 역할을 했다.
② 가섭(迦葉) = 부처님의 10대 제자 중에서 으뜸가는 마하
가섭(摩訶迦葉)을 말한다. 부처님의 의발(衣鉢)을 전해 받은
제 1대 조사(祖師).

용의 콧구멍

- 벽초 선화 -

계미년(癸未年)^① 가을이었다. 스님이 오대산에 다녀왔을 때 벽초 선화가 만공 스님께 묻기를, 『노스님께서는 오대산 적멸 보궁(寂滅寶宮) 앞에 있는 용의 콧구멍을 보셨습니까?』하였다.
스님의 대답이 『보았노라.』하였다.

벽초가 『용의 콧구멍이 어떻습니까?』하고 물으니, 스님이 다만 『식!』하고 말았다.

[評]
영룡(英龍)이 콧구멍 속에서 방광(放光)을 하네.

[註]
① 계미년(癸未年) = 1943년.

다 성불하였다

- 진성 사미 -

만공 스님이 하루는 옛날 서봉묘(西峰妙)^① 화상의
법문을 들어다가 이르되, 『「유정(有情) 무정(無情)이
다 부처를 이룬다」고 하니 한 마디 일어라. 대중들
은 어찌 하겠는가?』하였다.
이때 대중 가운데서 진성(원담) 사미가 나와 『구정
물 바가지가 두 개나 됩니다』하였다.

만공 스님이 『그러면 그 구정물 바가지를 너는 어떻
게 하려느냐?』고 말하자,
진성이 큰소리로 한 번 할을 하니,
스님이 주장자로 머리를 한 번 때렸다.

진성이 예배하고 물러서니,
스님이 이르되, 『이것으로 좇아 종문의 정안을 경홀
히 말라』하였다.

[評]
그르침을 가지고 그르침을 취함.
[註]
① 서봉묘(西峰妙) = 중국의 스님.

등불로써 점두하다
- 시자와 함께 즐기다 -

어느 날 초저녁에 진성 시자가 등불을 켜들자 등불
이 앞문 유리창에 비쳤다. 이를 보고 시자에게 물었
다.
『이 등불이 옳으냐, 저 등불이 옳으냐?』
이에 시자가 얼른 등불을 꺼 버리고
『노스님, 어떻게 하시렵니까?』 하고 반문하니,
스님이 아무 말을 않고 일어나 불을 켜 들어 보였
다.

[評] 켤 수 없는 불이 영원히 꺼지지도 못함.

차 한 잔 마시다
- 시자와 함께 즐기다 -

어느 날 만공 스님이 한가로이 앉았을 때 진성 시자가 차를 달여 가지고 왔다.

스님이 이르되, 『아무 일도 않는 사람에게 왜 이렇게 차를 대접하는고?』 하매, 시자가 한 걸음 다가서며, 『노스님! 한 잔 더 잡수십시오.』 하였다.

스님이 『허허…』 하고 웃었다.

[評] 일을 아니하는 일이 더욱 크도다.

부처님 모양이 하얗다
- 공양 청정 온 비구니[1]에게 보이다 -

임오년(壬午年)[2] 겨울, 눈이 많이 왔을 때, 견성암에서 공양 청정을 하기 위하여 비구니들이 눈길을 말끔히 쓸고 『깨끗이 쓸었습니다. 어서 가십시다.』하니,

만공 스님이 이르기를, 『너희들이 쓸은 길로는 안 가련다』하매, 비구니의 말이, 『그럼 스님께서는 어느 길로 가시겠습니까?』

스님께서 『너희 절 부처님이 하얗더구나!』하자,

대답을 못하였다.

[評]

한 발자욱도 움직이지 않음이 크게 공양을 받음이로다.

[註]

① 비구니(比丘尼) = 지명(智明) 비구니.
② 임오년(壬午年) = 1942년.

'가섭의 찰간' 법문을 감별하다

만공 스님이 대중에게 이르되 『「아난이 가섭에게 묻기를 세존께서 당신에게 금란 가사와 백옥 발우를 전한 외에 무슨 법을 특별히 전하셨습니까? 했다. 가섭이 아난을 부르니 아난이 답하매, 가섭이 아난에게 이르되 문 앞의 찰간대를 꺾어 물리쳐 버려라.」했으니, 여기에 대해서 대중들은 한 마디씩 일러 보아라!』하였다.

그때에 법희(法喜) 비구니가 나아와 『스님』하고 부르니,
스님이 『왜!』하고 답하매,
법희가 이르기를 『고기가 행하니 물이 흐려지고 새가 날으니 깃이 떨어집니다』고 하자,
스님이 『쉬운 일이 아니니라』하였다.

다음엔 벽초(碧超)가 나아가 노스님을 한 번 부르니, 만공 스님이 대답하자 벽초 선화가 말하기를, 『차마 노스님이기 때문에 여쭙지 못하겠습니다』하였다.
만공 스님이 이르되, 『노스님이라고 말 못할 게 있느냐?』
벽초가 이르되, 『노스님이 제 말을 모르셨습니다』하니,

거량(선문답)

스님이 『혹 늙으면 더러 그런 수도 있느니라』 하였
다.

[評] 은밀히 숨은 기량이 아니면 어찌 눈을 가릴 수 있으랴.

그물에 걸려드는 고기

만공 스님이 어느 해 여름 해제(解制)하던 날, 천천히 승당(僧堂)에 내려와 대중을 두루 돌아보며 선객들을 칭찬하여 말씀하였다.

『올 여름 대중들은 용맹스럽게 정진을 잘들 하였다. 그러나 나는 홀로 하는 일 없어 그저 그물을 하나 폈더니라. 그런데 오늘 와서 이 그물 속에 한 마리의 고기가 걸려든 것이다.
자! 대중들은 일러라. 어떻게 해야만 이 고기를 구해 내겠는가?』

이때 대중 가운데 한 선화가 일어나 입을 들먹하자마자 스님이 무릎을 탁 치며 하는 말이, 『옳다! 한 마리 걸려 들었다』하였다.

다시 한 선화가 벌떡 일어나 무슨 말을 하려고 입을 열자마자 스님은 무릎을 탁 치며, 『옳다! 또 한 마리 걸려 들었다』하며, 대중이 누구든지 입만 들먹하면 스님은 똑같은 말을 하였다.

[評]
어찌 노장님의 그물밥이 되지 못하는고?

'콧구멍 속에 적멸궁' 문답

어느 때 가야산(伽倻山) 해인사(海印寺)로부터 편지가
왔다.

『시방 세계가 적멸궁 속에 건립해 있다 하니, 그 적
멸궁은 어느 곳에 건립되었나이까?』

만공 스님이 답하기를, 『시방 세계는 모두 적멸궁
안에 주하거니와, 적멸궁은 나의 콧구멍 속에 건립
되었느니라』 하였다.

다시 편지가 오기를, 『적멸궁은 화상의 콧구멍 속에
건립되었거니와 화상의 콧구멍은 어느 곳에 건립되
었나이까? 바라옵건대 저희들을 그 속으로 인도해
주시옵소서』 라고 하였다.

스님이 다시 답하기를 『일찌기 가야산엔 적멸궁만
있다더니, 오늘에 와서 보니 과연 그러하구나』하였
다.

[評]

콧병이 극심하도다.

세존이 별을 보시다

어느 해 납월 8일 성도재일(成道齋日)에 멀리 남방 금당선원(金堂禪院)으로부터 편지로 법문을 물어 왔다.

『공손히 묻자오니, 세존이 납월 8야에 별을 보시고 도를 깨달으셨다 하니 알지 못하겠습니다. 깨달으신 것은 무슨 도리입니까?』

스님이 답하여 이르되, 『세존이 별을 보시고 도를 깨달았다 함은 모래가 눈동자에 떨어졌느니라』 하였다.

[評]
병으로써 병을 다스리다.

여기에 나가지 못하는가

임 석두 스님은 범어사 스님으로 선학원을 처음 창설할 때 큰 화주였다.

석두 화사(化士)^①가 원상○을 작(作)하여 묻되, 『천하 납승이 무엇 때문에 이 가운데 들지 못합니까?』
스님이 답하여 이르되, 『천하 납승이 무엇 때문에 이 가운데서 나가지 못하는가?』 하였다.
석두가 이르되, 『좋지 않은 것은 단순하게 행하지 않습니다』 하였다.

[評]
들지 못하는 문엔 나가지도 못한다.

[註]
① 화사(化士) = 화주승(化主僧), 시주(施主). 집집을 다니면서 절과 인연을 맺게 하고 시물(施物)을 받는 사람.

새로 갑자년①이다

- 기 석호② 선화 -

서울에 있던 석호 법사(法師)가 갑자년 정초에 편지로써 물어 왔다.

『세상 사람이 다 일컫되 송구 영신(送舊迎新)이라 하니 알지 못하겠습니다. 어떤 것이 새해라고 할 수 있습니까?』

스님이 답하여 이르시되, 『새해는 갑자(甲子)니라』 하였다.

[評] 물은 흘러도 산은 서 있네.

[註] ① 갑자년(甲子年) = 1924년.

　　② 기 석호(奇石虎) = 목사 출신 스님으로 포교에 큰 공헌을 했던 선객(禪客).

하늘과 땅만큼 현격하다

어느 날 혜봉(慧峰) 스님이 마곡사로부터 금선대(金
仙臺)에 이르러 만공 스님과 더불어 이야기하던 끝
에 물었다.

『고인이 이르되, 「한 터럭만큼이라도 틀림이 있으면
천지 현격(天地懸隔)이라」하니, 사형(師兄)님은 어떻
게 이르겠습니까?』

만공 스님이 답하여 이르되, 『한 터럭만큼의 틀림이
없어도 또한 천지 현격이니라』였다.

[評] 일이 없건만 크게 난을 일으키도다.

자기 직능

만공 스님이 어느 날 법좌에 올라 설법할 때에 혜봉 스님이 들어오거늘 스님이 문득 돌아다 보며 이르되,

『이 맹호가 들어오는구나』 하였다.

혜봉 스님이 호랑이의 우는 소리를 짓거늘,

스님이 이르되, 『자기 직분을 잘 지키는구나』 하였다.

[評] 용과 범이 서로 겨루는 데에 조화가 무궁하도다.

허공도 또한 늙거니

만공 스님이 어느 해 여름에 상경하여 용성(龍城) 스님과 함께 자리를 나눠 앉았는데 용성 스님이 말하기를,
『만공 스님도 이미 늙었구료』하였다.
만공 스님이 대답하되, 『허공도 또한 늙거니, 색신(色身)이 어찌 늙지 않겠소』하였다.

[評] 형상을 물어 본 즉 태허공(太虛空)에 부딪치다.

영신 만복

설봉(雪峰) 선화가 내장사(內藏寺)에 있을 때 연하장으로써 물어 왔다. 『백척 간두(百尺竿頭)에서 어떻게 다시 한 걸음을 내디디리까?』

스님이 답하여 이르되, 『그것을 꾸짖고 또 꾸짖으며, 새해를 맞아 만복하라』 하였다.

[評] 진중(珍重)하고 진중하라.

...금도 없고 생시도 없이 잠이 푹 들었을 때에
...신 입명처安身立命處를 어디에 두는지 알아야 하나니라.
· 만공선사

하나를 들어 지시指示함
- 설봉 학몽 -

설봉① 선화가 어느 날 금선대에 와서 만공 스님께 묻기를,

『세존께서 꽃을 든 뜻이 어떠한 것입니까?』 하였다.

스님이 한 손가락을 들어 보이거늘 설봉이 예배하였다.

만공 스님이 이르되, 『자네가 무슨 도리를 보았간데 문득 예배를 하느냐?』 하거늘, 설봉이 답하여 이르되, 『두 번 범하지 않겠나이다.』 하니, 스님이 문득 쉬어 가시다.

[評] 영리한 말은 채찍을 기다리지 않는다.

[註] ① 설봉(雪峰) = 장 설봉(張雪峰) 스님으로 그후 만공 스님이 학몽(鶴夢)이라 호를 지어 주니 법제자로 스님을 신봉(信奉)하였으며, 「선문염송(禪門拈頌)」·「벽암록(碧巖錄)」을 토를 달아 간행하였다.

눈 속에 도화
- 용운 법사 -

서울에 있는 만해(萬海) 한 용운(韓龍雲) 스님이 오도송(悟道頌)을 지어 와서 이르되,

남아가 이르는 곳마다 다 내 고향인데,
몇 사람이나 객의 수심 가운데 지냈던고!
한 소리 큰 할에 3천 세계를 타파하니,
설한(雪寒)에 도화(桃花: 복숭아꽃)가 조각조각 날으네.

스님이 반문하여 이르되, 『날으는 조각은 어느 곳에 떨어졌는고?』 하였다.
용운 스님이 답하여 이르되, 『거북털과 토끼 뿔이로다』 하였다.
만공 스님이 크게 웃으며 다시 대중에게 이르되, 『각기 한마디씩 일러라』 하니,
법희 비구니가 나와서 이르되, 『눈이 녹으니 한 조각 땅입니다』 하거늘,
스님이 이르되, 『다만 한 조각 땅을 얻었느니라』 하였다.

[評] 도는 재주와 지혜로는 얻을 수 없다.

30방을 주리라
- 학명 화상 -

내장사 학명(鶴鳴)^① 스님이 다섯 가지의 물음으로써
제방 선원에 반포하여 이르기를,
『1, 눈[白雪]이 궁항에 찼거늘 무엇 때문에 외로운
소나무는 우뚝 서 있는고?
2, 온 세계가 이 비로자나불(毘盧遮那佛)의 전신(全
身)이거늘 어느 곳을 향해야 자기를 찾을 것인고?
3, 냇물이 흘러 바다에 들어가거늘 어떤 곳을 향해
야 싱거운 맛을 얻을 것인고?
4, 매미가 껍질을 벗음에 벗을락 말락할 때 무엇이
라고 부를 것인고?
5, 아는 사람이 천하에 가득하거늘 누가 가장 친한
자인고?』

만공 스님이 답하여 이르되, 『이 낱 부질 없는 잔소
리여! 좋게 30방망이를 안기노라. 또 일러라. 이 방
망이를 다시 무엇이라고 부를 것인가?』 하였다.

[評] 맹호(猛虎)가 나타나니, 뭇 짐승들 꽁지를 감춤.
[註] ① 학명(鶴鳴) = 백 학명 스님. 송 만암(宋曼庵) 스님의
법사.

세 분 선지식의 할

만공 스님이 혜월(慧月) 스님과 같이 양산 통도사로
부터 청장(請狀)을 받아 그곳에 이르렀다. 대중이 모
두 모여 공양을 받으려 할 때에, 혜월 스님이 별안
간 할 1할을 하였다. 대중 공양을 마치고 막 발우를
걷으려 할 때, 만공(滿空) 스님이 할 1할을 하였다.

그 뒤 모든 선객들이 이 일을 듣고 놀라 의심하고
두 분 선지식의 할(喝)을 한 뜻이 어떤 것인가 하여
쟁론이 끊어지지 않더니, 드디어 용성(龍城) 스님에
게 물었다.
용성 스님이 말하기를, 『노승이 비록 그 사이에 들
어 입을 놀려 말하고 싶지 않으나, 가히 여러 사람
을 위하여 의심을 풀어 주지 아니할 수 없노라』하
고,
할 1할을 하였다.

[評] 3화상의 가풍(家風)이여, 스스로 일어났다 스스로 꺼지
네.

법기 보살의 깊은 풀밭^①

만공 스님이 금강산으로부터 정혜사에 돌아와 법좌
에 올라 설법하여 이르되,
『내가 금강산에 있을 때에 법기보살이 설법하신다는
소식을 듣고 곧 가서 들었더니, 법기보살이 큰 소리
로 대중을 불러 이르되,「풀이 한 길이나 깊다」』하
니 대중이 대답이 없었다.

그 뒷날에 한 선객이 와서 묻되,『법기 보살이 이렇
게 이른 것이 또한 풀 속의 말이니, 어떤 것이 풀
속에서 나온 말이옵니가?』하거늘 스님이 답하여 이
르되,
『풀 속에서 나온 말을 묻지 말라. 풀 속에 들어가서
사람을 위하는 것이 그 은혜가 커서 갚기가 어려우
니라』하였다.
선객이 다시 말하되,『풀 속에 들어가 사람을 위하
는 말씀 한 마디를 스님께서 일러 주십사 하고 청하
나이다.』
스님이 이르되,『밤길을 허락하지 아니 하니, 날이
밝거든 오너라』하였다.

[評] 누가 능히 살인검(殺人劍)을 알고?
[註] ① 깊은 풀밭[草深] = 인적이 끊어진 태초.

어떠한 것이 제 1구인가?

– 무념 선화(無念禪和) –

만공 스님께서 어느 날 전국 제방 선원에 한 글귀를 돌리었다.

『양구(良久)도 제 2구(第二句)이며, 창천창천(蒼天蒼天: 아이고 아이고)도 제 2구이니, 어떠한 것이 제 1구인가?』 하는 문제였다.

그 후 전국 제방 선원에서 많은 답이 왔다. 그 중에 팔공산(八空山) 동화사(桐華寺) 무념(無念) 스님이 보내 오기를,

『어찌하여 제 1구를 묻지 않습니까[何不問第一句]?』 하였다. 스님께서 보고 다시 반문하여 보내기를,

『내가 일찍이 제 1구를 묻지 않았거늘 어찌 묻는 데 이르는가?』

하였다. 그 후 답이 오지 않았다.

스님께서 게송(偈頌)을 보내니,

동화사 산 위에 독특한 병꽃이여,
꽃 지고 열매 익어진 후에 아름다운 미풍
기다리게 하라.

[評] 정다운 비수(匕首).

임종을 앞둔 한 마디
- 대안 선화(大安禪和) -

만공 스님께서 대안(大安)이라고 법호(法號)를 내린
제자가 있었다. 대안 스님도 성월 스님과 같은 시대
납자(衲子)였다. 대안 스님은 별로 문자(文字)에 아는
것이 없었다. 주로 동래 범어사(梵魚寺)에 주석했는
데 노환으로 사경(死境)에 이르러 열반당으로 나가게
되었다. 임종에 가까운 노장님을 보고 한 수좌가 묻
기를,
『스님! 이러한 때에 한 말씀 해 주시겠습니까?』하
였다.
대안 스님이 말하기를, 『무슨 말을 하라 하는가? 그
대여.』하고 임종게(臨終偈)를 읊었다.

마음 달이 본시 공허하였으되,
공도 또한 이 공이 아니로다.
공이니 아니니 하는 이 물건이 무엇인고?
겁 밖에 봄 광명 향기롭기도 하여라.

이 게송을 읊고 열반에 들었다. 이 열반송을 만공 스
님께서 듣고 장례에 쓰라고 금 일봉(金一封)과 한 게
송을 지어 함께 보냈다.

생로병사(生老病死) 이것이
대안의 본시 가풍이어늘
열반 묘도(妙道)의 당처(當處)를
친하기 원수와 같이 하라.

[評] 궁한 늙은이 손자를 희롱하다.

망아는 진아의 소생所生인데 현재 우리가
쓰고 있는 마음은 곧 사심邪心이요,
진아는 정심正心으로 시종始終도 없고,
존망存亡도 없고, 형상形像도 없지마는
오히려 조금도 부족함이 없는 나이니라.
—만공선사

만회암萬灰庵에서

언젠가 만공 스님이 점심 공양 후에 금강 약수(金剛藥水)를 드시러 가다가 도중에 있는 만회암(萬灰庵)을 바라보면서 말하였다.
『만회암(萬灰庵)이니, 일만 가지 상이 재로 돌아간다 [萬像歸灰]는 뜻이로구나. 모든 대중아, 재는 어느 곳으로 돌아가는고?』

만공 스님 앞에 만허가 합장하고 아뢰었다.
『해가 서천(西天)에 저무나이다.』
『저물면 집으로 돌아가야지.』
라고 말씀하고, 발길을 돌리었다.

[評] 씨 없는 열매.

밥값을 받다[飯價收獲]

- 보월 선화(寶月禪和) -

부산에서 운암(雲岩) 선화가 편지로 정혜사(定慧寺) 만공 조실스님에게 청하여 묻기를, 『과거·현재·미래의 마음을 도무지 알 수 없다[三世心都不可得]하는 도리를 분명히 지시하여 주소서[明示]』하였다.

노화상이 이 편지를 받아 보시고 답서(答書)하기를, 『위음왕불(威音王佛) 이전(以前)에 이미 설(說)해 마쳤느니라』라고 쓰고, 제자 보월 스님을 불러 편지를 내보이며, 『자네가 여기에 대해서 한 마디 일러 보게』하였다.

보월 스님이 편지를 받아 들고 말하기를, 『스님, 죄송합니다만은 스님께서 누구의 눈을 멀게 하시려고 이런 짓을 하십니까?』하고, 다시 보월 스님이 붓으로 쓰기를, 『덕숭산 만공 스님 회상(會上)을 등지고[背湖四] 영남①으로 향하는[向嶺南] 것은 심중(心中)에 나머지 의심을 끊지 못함이러니[不絶餘疑], 지금에도 나머지 의심을 끊지 못하였도다. 차후(此後)엔 다시 나머지 의심을 끊어 이런 짓을 말도록 하라[更絶餘疑]』하고 편지를 모두 불태워 버렸다.

거량(선문답)

이 정경을 지켜 본 스님은 통쾌히 웃으며, 『보월!
자네한테 오늘에야 밥값을 받았네.』하였다.

[評] 한 사람이 거짓말을 전하니, 모든 사람 덩달아 속네.
[註] 영남(嶺南) = 여기서는 범어사(梵魚寺) 혜월(慧月) 스님
회상(會上)을 말한다.

이것이 무엇인고?

- 만허 선화 -

최 만허(崔萬虛) 선화가 금강산 유점사(楡岾寺)에 계
신 만공 스님을 찾아가 뵙고 한 번 법거량(法擧揚)을
해 보리라 하고 조실(祖室)로 들어갔다.

마침 스님들이 모여 있었다. 그래서 만허 선화는 절
도 제대로 하지 않은 채 방 가운데 우뚝 서서 조실
스님만 바라다 보았다.

만공 조실스님의 생각은 절하며 문안을 드릴 줄 알
았는데, 그만 상상밖이어서 크게 소리를 질렀다.

『이것이 무엇인고?』

이에 만허 선화가 팔뚝을 조실스님 코 앞으로 바짝
들이대자 스님이 다시 말하였다.

『팔은 거두고 한 마디 일러 보아라.』

재차 만허가 팔을 코 앞에 들이대었다.

『아이고, 이놈아! 늙은이 다치겠다. 물러 앉거라.』

스님의 말씀이었다.

그때에야 깍듯이 절을 하고 자리에 앉으니, 조실스
님이 말하기를, 『저녁 공양 후 조실방으로 오너라.』
하였다.

[評] 머리만 있고 꼬리가 없다[有頭無尾].

소 죽은 넋두리

한 번은 만허 스님이 금강산 만회암(萬灰庵)에 가게
되었다. 때마침 묵엄(黙言) 스님이 뜰에 앉아 울고 있
었다. 그래서 청승맞게 울고 있는 그에게 까닭을 묻게
되었는데 대답인즉,

『소 한 마리를 사서 남을 주었는데 산비탈에서 끈이
소 발목에 감겨 굴러 떨어져 죽었소이다. 순사가 와서
석유를 뿌리고 땅에 묻어 버려 한 푼의 돈도 건지지
못한 연고로 원통해서 울고 있습죠.』

하였다.

만허 스님은 내심(內心)으로,

「저 스님이 이름만 묵언(黙言)이지 속은 아무것도 아
니군!」

하는 생각이 미쳐 그 길로 만공 조실스님께 돌아와
그 사실을 아뢰며,

『묵언이가 아무것도 아닙니다. 조실 스님.』

하는 말을 하였다.

이때 조실 스님은,

『네가 묵언 수좌한테 속고 와서 무슨 말을 하는고?
앞으로는 남에게 법(法)으로 밟혀서는 안 되느니라.』

[評] 남이 지은 농사에 빈 껍질만 주으려는고?

어떤 것이 주인불主人佛인가

어느 때인가, 유점사(楡岾寺)의 53불(佛)[1]을 모신 법당에서 예식이 있었다. 많은 대중이 모인 중에 조실 스님이 말하였다.

『부처님이 쉰 세 분이나 되는데[佛是五十三佛] 어느 부처님이 주인불인고[如何是主人佛]?』

만허 스님이 팔을 들어 한복판의 부처님을 가리키자, 조실스님이 말했다.

『손 없는 사람은 못 가리키겠다.』

『손으로 가리킨 바는 없습니다.』

『그러면, 무엇으로 가리켰단 말인고?』

그러자 만허 스님이 다시 팔을 들어 손가락으로 가리킴에 조실 스님이,

『남의 흉내 내지 마라』 하였다.

[評]
진금가석(眞金假石: 진짜 금과 가짜 돌)을 어찌 감출 수 있으랴.

[註] ① 53불(佛) =「화엄경(華嚴經)」에서 선재동자(善財童子)가 문법(問法)하는 상징불(象徵佛). 신라 남해왕(南解王) 때(서기 4년) 인도에서 조성한 53불이 신룡(神龍)에 의하여 월지국(月支國)을 경유 강원도 안창현 포구(浦口)에 표착(漂

거량(선문답)

着)한 것을 그 지방 관장(官長)인 노춘(盧春)이 왕께 고하고, 금강산에 유점사를 창건하여 53불을 느릅나무 뿌리 위에 봉안하였다. 유점사의 창건시기는 중국의 최초의 사찰인 백마사(白馬寺)보다 60여년 앞선다.

금강산 유점사(楡岾寺)

무유정법無有定法

- 대은 선화(大隱禪和) -

대은(大隱) 스님이 서울 행촌동(杏村洞)에 주석(住錫)할 때, 하루는 만공 조실스님께 공양 청장(供養請狀)을 보냈다. 그래서 권속 7, 8인의 유수한 수좌들이 조실스님을 모시고 사직동(社稷洞) 뒷산으로 걸어가게 되었다. 산 기슭에 거적으로 얽어 만든 빈민굴(貧民窟)이 나타나자 이를 들여다 보시며 걸음을 멈칫하던 스님께서,

『오줌이 절로 나온다.』

하시고 대중을 둘러 보았다.

수좌 중 한 사람이 여쭈었다.

『조실스님요, 대궐 앞에서 소변을 보시면 됩니까?』

『대궐이라니?』

조실 스님의 반문에 그 수좌가 다시 여쭈기를,

『아뇩다라 삼먁 삼보리법(阿耨多羅三藐三菩提法)[①]도 정해져 있는 바가 없습니다. 이 뜻이 무엇입니까?』하고 다시 물었다.

스님이 이르기를,

『구름은 남산에서 일어나고[雲起南山],

비는 북산에 퍼붓는도다[雨落北山].』하였다.

거량(선문답)

[評]
청정 법신(淸淨法身)이 어찌 내외(內外)가 있으리요.
[註]
① 아뇩다라 삼먁 삼보리(阿耨多羅三藐三菩提) = 무상 정등 정각(無上正等正覺)으로 번역한다. 무애자재(無碍自在)한 지혜 력(智慧力)을 말한다.

팔을 걷어 들고 일러라

하루는 아침 일찍이 조실스님께 문안을 드리러 만허 스님이 침실로 들어갔다.

누워 있다가 벌떡 일어난 만공 조실스님이 무릎을 세우고 앉으면서 팔을 걷어 부치고 하는 말이,

『그래, 한 번 해 보아라』 하였다.

그래서, 문을 닫고 밖으로 나와 버리자 문을 열고 내다 보며 하는 말씀이,

『어찌 남전 완월화(南泉玩月話)와 다르리요?』 하였다.

[評] 안타까운 객(客)이여 주는 밥을 왜?

법기보살法起菩薩

어느 때인가 한 납자가 아침 일찍 조실에 가서 절을
하매 조실스님이 말했다.
『내가 지난 밤에 들으니,
「팔린 보살(八隣菩薩)이 법기 보살(法起菩薩)님에게
법을 물어 가로되,
인자(仁者)는 무슨 법으로 중생을 제도하시나요? 하
매, 법기 보살이 인자야! 하니, 팔린 보살이 네! 하
고 대답했다.
풀이 한 길이 넘었도다[草過一丈].」하였으니, 그 뜻
이 무엇인가?』

『조실스님요, 분명히 들으셨습니까?』
『듣다마다.』
『분명히 들으셨습니까?』
『누구 귀먹은 사람 있나?』
『못 알아 들으면 귀머거리가 됩니다.』
『오히려 네가 귀머거리구나.』

[評] 과녁[貫革]은 멀지 않건만 지나친 헛손질.

강선대降仙臺

한 번은 수미암(須彌庵)에 가서 뜰에 앉은 조실스님
이 앞산의 강선대(降仙臺)를 바라보시며 말했다.
『옛날 양 봉래(楊蓬萊) 신선(神仙)은 저 가파른 봉우
리를 어떻게 올라 갔을까?』

이에 젊은 납자(衲子)가 말하기를,
『지금도 올라 가는 사람이 있습니다. 누군가가 조금
전에도 올라 갔습니다.』
이에 만공 스님이 말하기를,
『그 사람 재주 용하군』하였다.

[評]
천수천안(千手千眼)으로도 능히 볼 수 없는 물건. 산하석벽
(山河石壁)에 걸림이 없네.

목욕沐浴

어느 해 시월 결제(結制) 날, 조실스님이 여러 수좌
(首座)들과 계실 때, 마당에서 속복(俗服)을 한 사람
이 아뢰었다.

『조실 스님, 목욕 가시지요.』

『나는 계율(戒律)을 지키는 사람이라 목욕을 못하
요.』

이에 그 사람은 어물어물하던 끝에 혼자 가 버렸다.
그래서, 수좌가 묻기를,

『조실스님, 그분이 누구신지요?』

하자, 조실스님이 『너는 모르느냐? 대구의 여여 처
사(如如處士)라고 견성(見性)한 분이다』 하고 대답했
다.

수좌가, 『별은 보았는지 몰라도 마음은 보지 못했습
니다.』 하매,

조실 스님은 껄껄 웃으면서, 『네가 그 사람 대신 말
해 보아라.』

하였다.

수좌가 아뢰기를,

『조실스님도 물 식기 전에 빨리 가셔서 목욕하셔야
지요?』

하자, 조실스님이,

『아는 놈은 속일 수 없구나. 목욕해야지.』
하고 목욕하러 갔다.

[評] 씻을수록 더 끼는 때.

박장대소拍掌大笑

을해(乙亥: 1925年) 동안거(冬安居) 해제(解制) 때
몽술 행자(夢述行者)[①]가 노스님께 나아가 절을 하였
다.
『네가 누구냐?』
『몽술(夢述)이라 합니다.』

『이곳에 무슨 일로 왔느냐?』
『노스님의 법문(法門)을 들으려고 왔습니다.』
『법문을 어데로 듣느냐?』
『귀로 듣습니다.』
『귀로 들으면 잘못 듣는 법문이니라.』

『그렇다면 어데로 듣습니까?』
하니, 노스님이 쥐고 있던 주장자로 몽술 행자의 두
상(頭上)을 한 번 「딱」 때리시고 묻기를,

『알았느냐?』 하고, 다시 한 번 더 때릴 기세로 주장
자를 번쩍 들어 올렸다.
『알았다 하여도 이 주장자를 면치 못할 것이고, 알
지 못하였다 하여도 이 주장자를 면치 못하리라. 속
히 일러라.』

몽술 행자가 머리를 만지며, 『아야아야.』
하니 스님은 주장자를 내리고 박장대소(拍掌大笑)하
였다.

[評] 젖먹이[乳兒]가 범을 놀릴 줄이야.
[註] ① 몽술 행자(夢述行者) = 진성(眞性, 或은 眞惺). 훗날
의 덕숭총림 수덕사 방장 원담 스님.

주행 산거舟行山去

계미(癸未: 1943년)[①] 하절(夏節)에 혜암(惠菴) 스님과 진성(眞惺) 사미가 만공 스님을 모시고 간월도(看月島)에서 안면도(安眠島)로 가게 되었다. 세 사람이 매우 작은 배를 타고 떠가면서 먼 산들이 지나쳐 가는 해안 풍경(海岸風景)을 바라보고 있었다.

그때 만공 스님이 진성 사미에게
『저 산이 가느냐 이 배가 가느냐?』
하고 물었다. 진성 사미가 답하기를
『산과 배가 둘 다 가지 않습니다.』
하였다. 만공 스님이 『그러면 무엇이 이렇게 가느냐?』
하고 묻자 진성 사미가 앞으로 나와 한참 동안 말없이 서 있었다.

그러자 옆에 앉았던 혜암 선화가 일어서서,
『제가 한 마디 드리겠습니다.』 하고, 이어서 말하기를,
『산이 가는 것도 아니요 배가 가는 것도 아닙니다.』
라고 하였다.

만공 스님이 다시 묻기를, 『그러면 무엇이 가는가?』
하니, 혜암 스님이 마침 들고 있던 흰 손수건을 번쩍
들어 보였다.

만공 스님이 『자네 살림이 언제부터 그러한가?』 하였
다.
혜암 선화가 말하기를, 『제 살림은 이미 오래 전부터
이러하옵니다.』 하니,
만공 스님이 말없이 점두(點頭)하였다.

[評]
해상 돌풍(海上突風)에 피해가 불소(不少)로다.

게 송
偈 頌

경허 법사의 천화[1]를 듣고 읊다

착함은 부처님[2]에 지나고 악함은 호랑이[2]에 지나던
이 경허 선사께서,
천화하여 어느 곳으로 향해 가셨나이까?

술에 취한[3] 붉은 얼굴
꽃 속[4]에 누워 계시네.

[註]
① 천화(遷化) = 열반에 들음. 고승(高僧)의 죽음.
② 부처님[佛]·호랑이[虎] = 선과 악의 표본.
③ 술에 취한[酒醉] = 지옥·천당이 공(空)하고, 생사(生死)
·열반이 허망(虛妄)한 어리석은 꿈의 환영(幻影).
④ 붉은 얼굴 꽃 속에[花面] = 경허 선사의 법의 경계가 죽
어도 죽지 아니하고, 아무리 감추어도 감출 수 없는 진신(眞
身)을 표현함.

게송

함경도 갑산군 웅이면 난덕산 밑에서
선법사의 다비①를 모실 때 읊다

예로부터 시비가 여여(如如)한 객(客)②이
난덕산(難德山)에서 겁 밖의 노래③ 그치셨네.
나귀④와 말⑤ 불 살라⑥ 다한 이 저문 날에,
먹지 않는 두견새[杜鵑]⑦ 「솥 적다[小鼎]」 한(恨)을
하네.

[註]
① 다비(茶毘) = 시신(屍身)을 화장하는 일.
② 객(客) = 경허 선사.
③ 겁 밖의 노래[劫外歌] = 여기서는 경허 선사의 무애행(無
碍行)에 비유함.
④ 나귀[驢] = 본래 공적(空寂)한 도리(道理). 천지 미분전(天
地未分前).
⑤ 말[馬] = 영묘(靈妙)한 마음 자취.
⑥ 불 살라[燒] = 수용하던 육신 곧 법기(法器)의 소멸을 비
유함.
⑦ 두견새[杜鵑] = 소쩍새. 슬픔을 나타냄.

경허 법사 영찬

빈 거울[鏡虛]^①에는 본래 거울 조차 없고,
소를 깨달음[惺牛]^②에 일찍이 소도 아니로다.
거울도 없고 소도 아닌 곳곳마다
산 눈[活眼]^③ 자유로이 술^④과 다못 색(色)^⑤이로다.

[註]
① 빈 거울[鏡虛] = 경허 선사의 법호(法號).
② 소를 깨달음[惺牛] = 경허 선사의 법명(法名).
③ 산 눈[活眼] = 경허 선사의 안목(眼目)에 비유함.
④ 술[酒] = 법(法)에 비유함.
⑤ 색(色) = 묘공(妙空)이나 방광(放光)에 비유함.

달마 영찬

무슨 일로 서역 강을 건너 왔는고?
그대가 향하는 곳 법보다 무섭구나.

자화상自畵像에 부쳐

나는 너를 여의지 않았고,
너는 나를 떠나지 않았도다.
너와 내가 나기 이전에는
아지 못커라 이 무엇인고?　○

있기 때문이다. —만공선사

그것은 무념처에 일체유一切有가 갖추어져

나는 무념처無念處에서 찾을 수 있는 것이니.

간월암^①에서

부처와 조사로 더불어 벗하지 않는 객이
무슨 일로 푸른 물결을 친했는가!
내 본래 반도 사람이어서
스스로 이와 같은데 그쳤노라.

[註]
① 간월암(看月庵) = 서산(瑞山) 서해의 안면도(安眠島)와 육
지의 중간 지점에서 10리쯤 앞에 있는 간월도(看月島)의 암
자 이름이다.
백제 때는 피안도(彼岸島)인데 이태조(李太祖)의 왕사(王師)인
무학대사(無學大師)가 이 섬에서 밝은 달을 보고 도를 깨달
았다고 하여 그 후부터 암자 이름을 간월암이라 하고, 섬 이
름도 간월도라 했다.

간월암 중창 게송

두 성인(聖人)①의 고적이 몇 해나 되었는고?
지난 일들 모두가 한바탕 꿈이어라.
수산(叟山)② 월면(月面)이 도리어 다사(多事)③로워서
삼라 만상에 무문인(無文印: 문채 없는 도장, 慧命)
을 분부하노라.

[註]
① 두 성인[兩聖] = 신라 때의 원효(元曉)대사와 고려 말의
무학(無學)대사를 말함.
② 수산(叟山) = 만공 스님의 법호(法號). 경허(鏡虛) 스님이
주심.
③ 다사(多事) = 조선조(朝鮮朝)의 배불(排佛) 정책으로 간월
암(看月庵)은 헐리고, 그 절터에 묘(墓)를 썼던 것을 만공 스
님이 다시 옛 절 모습대로 복원하였다.

간월도를 다녀 오는 길에
대나무 한 그루를 얻고 읊다[①]

노승(老僧)이 바다를 밟음에 물이 묻지 않았고,
사미(沙彌)가 대[竹]를 걸머지매 시방이 봄이로다.

[註]
① 만공 스님이 간월도를 다녀서 수덕사로 가시는 회로에 고
북(高北) 땅에서 대나무 한 그루를 얻어 진성(眞惺) 사미(沙
彌)가 메게 하고 읊은 게송.

만조 때의 간월암 전경

갱진교[1]에서

마침 세상을 희롱하는 객이 있어
갱진교(更進橋)에서 즐겨 노나니.
흐르는 물 소리는 조사의 서래곡(西來曲)이요,
너울거리는 나뭇잎은 가섭(迦葉)의 춤이로세.

[註]
① 갱진교(更進橋) = 덕숭산(德崇山)의 소림초당(少林草堂)
계곡에 있던 다리.

백운을 바라보고 읊다

흰 구름을 무심객(無心客)이라 이르들 마소.
노승을 잊지 못해 거듭거듭 오는구나.
그러나 흰 구름이여 내 그대 친구가 아니로세.
먼 마을 닭 울음이 나의 지기지우로다.

난초를 찬하다

청정한 반야란(般若蘭)이여,
언제나 반야를 토하는구나.
만약 사람이 이와 같음을 알면,
접촉하는 곳마다 비로의 스승이리라.

매화를 찬하다

묵은 뿌리 절반쯤 마른 가지에 굳게 지킨
생명이여!
홀연히 몇 송이 꽃 피워 스스로 신기함을
보이는구나.
한 줄기 철석(鐵石)같음 굳기가 이러하여,
백절 풍상(百折風霜)에도 능히 외로운 절개
간직하였구나.

우연히 읊다

달빛이 밝으니 별들은 빛을 잃지만,
산빛은 푸르러 시방이 봄이여라.
이같이 푸른 산과 밝은 달빛 속에
만 개의 해보다 밝은 하나의 새 붉음이여!

오대산 적멸궁에서

적멸보궁(寂滅寶宮) 속에서
부처님의 진신(眞身)을 친견(親見)하니,
나와 부처님이 서로 담연하여
만겁에 길이 멸하지 않도다.

팔공산 성전에서

어젯밤 비 가운데 일은
일천 성현(聖賢)도 다 아지 못하리.
알 수 없고 또 알 수 없음이여!
종 소리가 이미 도득(道得)해 갔도다.

사월 초파일 병석에서 읊다

피곤한 인생 산란한 봄꿈이여,
아침에 우짖는 까치 부처의 소리를 토하는구나.
갑인(甲寅)년 사월 초파일에
백초(百草)가 푸르니 붉음도 알겠도다.

납월 팔일 법좌에 올라

온 하늘 꽉찬 별 중에 어느 별이
세존께서 깨달으신 별인고?
남(南)을 향한 북두(北斗) 속의
이것이 최초의 별일레.

납월 팔일

세존은 별을 보고 도를 깨쳤다 하나,
만공은 별을 보고 도를 미(迷)했다 하리라.
미 · 오(迷悟)를 갈파(喝破)한 납월 팔일 밤에
눈 속의 복사꽃 조각조각 붉었도다.

해제 때 대중에게 보이다

맺을 때에는 석녀(石女)의 꿈이요,
풀 때에는 목인(木人)의 노래니라.
꿈과 노래를 모두 버리니,
보름달이 밝기가 칠(漆)과 같도다.

만공 스님이 사용하던 거문고

거문고 법문①

한 번 퉁기고 이르노니 이 무슨 곡조인고?
이것은 체(體) 가운데 현현(玄玄)한 곡이로다.

한 번 퉁기고 이르노니 이 무슨 곡조인고?
이것은 일구(一句) 가운데 현현한 곡이로다.

한 번 퉁기고 이르노니 이 무슨 곡조인고?
이것은 현현한 가운데 현현한 곡이로다.

한 번 퉁기고 이르노니 이 무슨 곡조인고?
이것은 돌장승 마음 가운데 겁 밖의 곡이로다.

佛紀 2964年[1937년]
湖西 德崇山 金仙洞 少林草堂 滿空 月面

[註]
① 이 법문은 만공 스님이 어느 날 금선동 소림 초당에 계실
때 달이 휘영청 밝은 고요한 밤에 홀로 거문고를 안고 나와
갱진교(更進橋) 위 나월하(蘿月下)에서 즐기시던 도락의 한
게송이다.

벽해를 지나며 읊다(2편)

①
대천 세계(大千世界)①를 삼켰다 내뱉는 객이
몸을 용뿔②에 싣고 푸른 바다를 지나니,
하늘에 극한 금강산은 법기 보살(法起菩薩)의 몸이
요,
망망한 바닷물은 옛 부처 마음일세.

[註]
① 대천 세계(大千世界) = 불교에서는 수미산을 중심으로 하
고 4방에 4대주(四大洲)가 있고 그 바깥에 대철위산(大鐵圍
山)이 둘러 쌌다 한다. 이것이 1세계 또는 1사천하(四天下)
라 하고, 4천하를 천 개 합한 것을 1소천 세계(小千世界),
소천 세계를 천 개 합한 것을 1중천세계(中千世界), 중천 세
계를 천 개 합한 것을 1대천 세계(大千世界)라 한다.
② 용뿔[龍角] = 부산과 원산을 왕래하던 여객선(旅客船)「화
룡호(花龍號)」를 지칭함.

②
밟아 가고 밟아 오는 이것이 무엇인고?
풀 속에 비낀 몸 비로의 스승인데,
때 마침내 건곤(乾坤)을 삼키고 토하는 객이 있어
덕숭산 위에서 3천 세계를 할하노라.

각 화[1]

서리 찬 하늘 달마저 진 밤
누구와 함께 맑은 못 찬 그림자를 비치랴.
백로(白露)는 앙상한 가지 위에서 꿈꾸고,
각화(覺華)는 형상 없는 나무 끝의 봄이로세.

[註]
① 각화(覺華) = 부처님의 진리.

비로봉에서 읊다

부처님 탄생하신지 이구삼사년의 세월,
월면(月面)[1]이 벽공에 솟아 오르네.
비로봉 정상에서 방광하고,
동해에 무문인(無文印)을 분부하려 하노라[2].

[註]
① 월면(月面) = 만공 스님의 법명(法名).
② 동해에 무문인을 분부하려 하노라 = 스님이 동해 금강산
에서 불조(佛祖)의 법을 이어 받아 중생교화를 해 보려는 말.

비로봉에 올라 읊다

벽공(碧空)에 오른 몸이여,
발 아래 비로봉이요,
눈[眼] 속에 망망한 동해로다.
눈을 씻고 발을 씻음이,
어찌 괴로움이 아니더냐.

금강산 반야대에서

그 이름 반야대여
반야는 이 무엇인가?
이 이름이 반야를 그르쳤으니,
만약 가죽 밑에 피가 있는 자라면,
모름지기 눈을 뜨고 살펴 보아야
비로소 얻을 것이다.

보덕굴에서 읊다

짧은 지팡이 쉬지 않는 나그네
정히 보덕굴에 당도하니,
주인과 손^① 서로 볼 수 없으되
친하기는 물과 물소리^② 같더라.

[註]
① 주인과 손 = 주인은 보덕굴 관음보살, 손은 만공 스님을 말한다.
② 물과 물소리 = 부처와 중생이 서로 여일 수 없음을 비유함.

금강산 업경대에서

50년 동안 씻기를 다해 온 늙은이
밝은 거울 쓸데 없어 높은 대에 걸었네.
한 걸음으로 4성(四聖)^①의 안목을 타파했거니
이제는 그 업경(業鏡)이 아무 용처가 없구나. 쯧쯧.

[註] ① 사성(四聖) = 성문(聲聞) · 연각(緣覺) · 보살(菩薩) · 불(佛)을 지칭함.

태화산에서 읊다(3편)

①
태화산 뼛속에 흐르는 물은
옛 부처 마음을 씻어 가는데,
월면의 참소식을
전나무에 부치노라.

②
군왕(君王)①은 다만 헛된 이름 뿐인데
법왕대(法王臺)②는 분명 뚜렷하도다.
풍운(風雲)은 콧구멍을 지나고
산과 물은 눈 앞에 있노라.

[註] ① 군왕(君王) = 세상을 비유함. ② 법왕대(法王臺) =
불법(佛法)을 비유함.

③
구름과 산 같음도 없고 다름도 없어,
또한 대가풍(大家風)도 없음이로다.
이 같은 무문인(無文印)을
저 동면(東面)①에 분부하노라.

[註] ① 동면(東面) = 현세인(現世人)에게 전해 줄 불법을 말
함.

도비산 부석사에 올라 읊다(2편)

①
춘몽(春夢)같은 나그네 석천암에 올라,
없는 입으로 망망한 대해를 마셔 다했네.
만약 사람이 문득 보리도(菩提道)①를 묻는다면,
답하지 않고 스스로 백운(白雲) 사이로 돌아가리.

②
만상의 적멸(寂滅)함이 석가의 얼굴이요,
적멸을 멸해 다하면 진귀 조사②의 면목이로다.
불조(佛祖)가 천화한 지 2, 3천년에,
묘리와 진광(眞光) 길이 매(昧)하지 않았네.

[註]
① 보리도(菩提道) = 불타(佛陀) 정각(正覺)의 지혜를 얻기 위하여 닦는 도.
② 진귀 조사(眞歸祖師) = 총목방(叢木房)에서 석가세존의 안목(眼目)을 인가(印可)한 조사.

금강산 묘보리에서 읊다

산에는 산이 없고 물엔 물이 없어,
월면(月面)이 가는대로 금강을 토하는구나.
금강산은 신심이 지극해지고
묘보리에 철저한 발심이 되네.

참회 게문

일체가 바람으로 좇아 나고,
일체가 바람으로 좇아 멸하는 것이니,
바람이 불어 오는 곳을 요달하면,
생도 없고 또한 멸도 없으리라.
이렇게 불러 답을 얻을 때가,
법안(法眼)①으로 성품을 보는 때이니라.

[註] ① 법안(法眼) = 불타의 5안(五眼)의 하나. 모든 법을
분명하게 비춰 보는 눈. 보살은 이 눈으로 모든 법의 진상을
잘 알고 중생을 제도함.

현암 선자에게 보이다
- 태흡 참회 게문 -

깊고 깊은 묘한 도를 어찌 능히 전할 것인가.
말함도 없고 들음도 없음이 바로 이 선(禪)이니,
그대가 만약 이 선도리(禪道理)를 알면,
후일에 금선(金仙)①을 지음이 어렵지 않으리라.

[註] ① 금선(金仙) = 불타(佛陀)의 다른 이름.

보덕사에서 읊다①

송백은 다만 푸르고 꽃은 스스로 붉었는데,
기러기는 이미 가고 나만 홀로 남아 우는구나.

[註]
① 가장 믿었던 수법 제자(授法弟子) 보월(寶月) 스님이 먼저
가고 없는 보덕사(報德寺)에서 후래(後來) 불법(佛法)을 위하
여 외롭게 한탄한 게송.

성월당을 만장하다

시방의 바가범(薄伽梵)①이
한 길로 열반문에 들었거니와,
오늘 성월당은
또한 그러한가 그렇지 아니한가?
삼독으로 왔다가 삼독으로 갔을 뿐일세.

[註]
① 바가범(薄伽梵) = 일체법을 성취한 부처님과 조사의 총
칭.

침운당 만송

청정하기는 똥 같은 이 침운당이여!
분망함이 마치 술집 종과 같더니
늙은이 스스로 괴술업(魁術業)이 있어
한 번 걸음에 인천(人天)을 눈 멀게 하였네.

침운당 임종게 답송

56년 동안 티끌에 찌든 객이
이제 생각해 보니 하나도 참된 것이 없도다.
우연히 시방을 통하는 한 길을 얻으니
대천세계가 온전히 진신(眞身)이로다.

운암 스님 만송

한 점의 구름 일어나매 일찍이 일어남이 없고,
사라지매 또한 사라짐도 없음이라,
일어나고 사라짐 없는 곳에,
운암이여! 너는 겁 밖의 봄이로구나.

석호 영가를 위하여 읊다

비롯함 없는 한 묘한 놈이여!
오는 길도 측량키 어렵고,
갈 때도 또한 그러하니,
묘하구나 이 낱 이것이 무엇인고? ○

상로 구공 거사에게 주다

착한 행으로 천당에 오르고
악한 행으로 지옥에 들어 가나니,
선악이 다 함께 공하면
가는 곳마다 극락 국토(極樂國土)이니라.
어떠한 것이 선악이 함께 공한 곳인고?
악행은 지옥으로 들어가고
선행은 천당으로 올라 가나니라.

간월도에서 서산 군수에게
게송을 짓고 휘호해 주다

만우당(晩愚堂)^① 속 옛 부처의 마음이여,
나무 새와 돌 호랑이 서로 다툼^②이로다.

[註] ① 만우당(晩愚堂) = 만공 스님 자신.
   ② 서로 다툼 = 세계 제 2차대전 때 소란했던 세상을
      두고 한 말.

백련성에게 보이다

죽은 눈엔 닥치는 곳마다 무명만 길음인데,
산 눈엔 닥치는 곳마다 백련의 성품이니라.

혜일 · 심월 두 내외 신자에게 주다

혜일(慧日)은 우주에 붉었고
심월(心月)은 만고에 희도다.
붉고 흼 다함 없으니
머리마다 태화(太和)의 찬란한 봄일세.

일본인 석정 옥룡 거사에게 보이다

눈을 뜨니 시방 세계요,
눈을 감으니 시방 세계가 멸하였구나.
일어나고 멸하는 시방 세계 밖에
옥룡의 구슬 뜻대로 굴려라.

선원 잡지의 권두언

참말은 입 밖에 나가지 않고,
참말은 입 밖에 나가지 않도다.

학교 창립 축시^①

교육은 문명의 어머니요,
무심은 비로(毘盧)의 스승이니라.

[註] ① 춘성 스님이 서울 진명학교 창립 기념시로 받아간
글.

구황의 방법^①

천 가지 종류의 구황방(救荒方)이,
반야(般若)를 먹음만 같지 못하네.

[註] ① 구황의 방법[救荒方] = 김 태흡 스님이 총독의 지시
로 전국에 있는 구황방(곡식이 아닌 초근 목피만을 먹고 생
명을 유지하는 방법)을 수집하는 데 휘호하여 주신 법문.

이 왕궁 족자에 붙이다[①]

명월(明月)이 뜨기 전에 갈대꽃이 이미 희었고,
푸른 강호(江湖)에 기러기 百년이나 서 있구나.

[註] ① 수덕사 소유의 덕숭산을 이왕직(李王職)에 재산보호
를 맡겼더니 그 소유권을 이왕직으로 이전(移轉)해 갔다. 만
공 스님이 이왕직을 찾아가 그 부당함을 말하고 다시 사찰
소유로 환원시켰다. 이때 의친왕(義親王) 이강(李剛) 공(公)이
화제(畵題)가 없는 그림 족자를 보이며 만공 스님에게 화제
를 요청하므로 지어 써 준 게송(偈頌)이다.

부채[①]를 두고 읊다

종이에 종이라는 것이 없고
대[竹]에 대라는 것이 없는데,
맑은 바람이 어느 곳에서 나오는가?
종이도 공하고 대도 공한 곳에
청풍이 제 스스로 불어 가고 불어 오다.

[註] ① 부채[扇子] = 일본 임제종(臨濟宗) 본산(本山)에서 부
채를 보내어 그 위에 만공 스님이 게송을 지어 휘호 한 후
보내 달라는 편지가 있었다.
이때 스님이 게송을 짓고 부채에 휘호한 후 보내 주었다.

부민관에서 무희舞姬의 춤을 보고

신출 귀몰(神出鬼沒)한 최 승희(崔承喜)의 춤이여!
온 곳은 비록 볼 수 없으되,
3천 군중을 능히 손가락에 걸고
경쾌한 몸 놀림 3월 제비로구나.

두 비구니가 싸울 때

나무 새와 돌 호랑이가 서로 다툼인 것을,
누가 옳고 누가 그르다 하겠는가 시시 비비여.

보월 선화에게 보이다

색이 공함에 공마저 공하여
공과 색이 함께 공하였으니
또한 일러라, 이 무엇인고?
○
겨울 날씨가 차기도 하여라.

혜암 현문 선자에게 보이다

구름과 산 같고 다름 없어
대가풍(大家風) 또한 없어라.
이와 같이 흔적 없는 인(印)을
혜암 너에게 분부하노라.

世尊應化 二九五六年 己巳 三月 初七日
鏡虛門人 滿空 月面 稿

고봉 선자에게 보이다

옛 부처도 오히려 전하지 못하였거든
지금 사람이 어찌 능히 전할까 보냐.
구름이 흩어지고 달이 스스로 밝으니
덕숭산의 이 옛 봉우리로구나.

성월 선자에게 보이다

마음 달이 본래로 이 공인데
공이라 하는 거 있으면 이것이 공이 아니니
공이 아니라 하는 이 물건이 무엇인고?
겁 밖에 봄 꽃 피고 열매 맺네.

금오 선자에게 보이다

덕숭산 산맥 아래
지금에 무문인(無文印)을 부치노니,
보배달 비록 계수(桂樹)에서 졌으나
금까마귀 하늘에 사무쳐 날으네.

학몽 선자에게 보이다

진에 진이 없고 망에 망이 없음이여,
진은 이 진이고 망은 이 망이로다.
이와 같은 진·망의 진여법을
학몽 설봉자에게 부쳐 주노라.

전강 선자에게 보이다

불조(佛祖)도 일찍이 전하지 못하였고
나도 또한 얻은 바 없음이여,
오늘도 가을빛 무르익어 가는데
원숭이 휘파람 뒷산에서 부네.

올연^① 선자에게 보이다

전한다는 것도 30방망이요
받는다는 것도 30방망이니,
또한 30방의 방(棒)을
올연(兀然) 선자에게 부쳐 주노라.

[註] ① 올연(兀然) = 청담(靑潭: 李淳浩) 스님의 법호.

포산^① 선자에게 보이다

달이 밝으니 별빛이 없고
산이 푸르니 시방이 배가 불렀네.
이와 같은 산빛 달 광명 속에
만상(萬像)이 나날이 새롭네.

佛紀 一九六五年 壬午(1942년) 三月 七日

鏡虛門人 滿空 書

[註] ① 포산(飽山) 스님 = 만공 스님 제자로 걸승(傑僧).

진성 사미^①에게 보이다

참 성품에는 본래 성품이 없고
참 나는 원래 내가 아닐세.
성품도 없고 나도 아닌 법이
총히 일체행을 섭했너니라.

癸未(1943년) 三月 望
德崇山 轉月舍 老師 滿空 漏

[註] ① 진성(眞性) 사미(沙彌) = 당시 만공 스님을 모시던
시자(侍者)였음.

묘리 비구니 법희에게

일만상 적멸함이 석가불의 면목이며
적멸함도 멸하여 다한 곳이 진귀 조사 면목이로다.
불조(佛祖)가 천화한 지 2, 3천년에
묘한 이치 참된 광명 길이 매(昧)하지 않도다.

世尊應化 二九四三年
忠南 禮山郡 德山面 斜川里 定慧寺 金仙臺 法師 滿空

백련 도엽 비구니[①]에게 보이다

성품이 백련과 같은 연후에라야
비로소 산에서 나가게 하여라.

世尊應化 二千九百六十一年 甲戌[②] 五月 初一日
金仙臺에서 鏡虛門人 宋滿空 稿

[註] ① 백련 도엽(白蓮桃葉) 비구니 = 김 일엽(金一葉: 1896~1971) 스님. ② 갑술(甲戌) = 1934년.

월저 지명 비구니에게 보이다

성품도 공하고 다시 경계도 고요한데
마음 달 시방 세계를 비추이네.

佛紀 二九六四年 丁丑 五月
德崇山 金仙洞 少林草堂 困夢客 滿空 漏

숭심 명순 비구니에게 보이다

뜻 세우기를 산과 같이 하면
자연히 부처를 이룰 것이며,
마음 편안히 하기를 바다같이 하면
어디라도 무위 진락 수용하리라.

佛紀 二九六六年 己卯 二月 初三日
德崇山 少林草堂 六九翁 宋滿空

습득 행녀에게 보이다

얻는 곳에 문득 잃음이 있고
잃는 곳에 문득 얻음이 있나니,
얻음과 잃음을 놓아 버린다면
머리마다 비로의 스승이리라.

방함록 서문

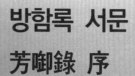

芳啣錄 序

선림계 서

- 양고기 달아 놓고 개고기를 파는 가풍 -

「화엄경」①에 이르되, 『만일 사람이 3세의 모든 부처님을 알고자 할진대, 빽빽이 법계의 성품을 관하라. 모두가 마음으로 짓는 것이니라』 하시었으며,

「법화경」②에 이르되, 『대통지승불(大通知勝佛)이 10겁(劫)을 도량에 좌하되 불법이 앞에 나타나지 아니하여 불도(佛道)를 이루지 못하였다』 하시었으며,

「원각경」③에 이르되, 『모든 중생의 갖가지 환화(幻化)④가 다 여래의 원각 묘심(圓覺妙心)에서 나왔다』 하시었으며,

「금강경」⑤에 이르되, 『만일 모든 상(相)을 보되, 상이 아님을 관하면 곧 여래(如來)를 본다』 함이 다 이 마음 법을 말씀하심이니라. 그러기 때문에 마음이란 것은 모든 현인(賢人)과 성인(聖人)의 할아비이며, 모든 법의 근원인 고로, 전불(前佛)·후불(後佛)이 마음으로써 마음을 전하시고, 문자(文字)를 세우지 아니하시었나니라.

부처님이 다자탑(多子塔) 앞에서 가섭존자(迦葉尊者)와

자리를 나누시고, 영산 회상(靈山會上)에서 꽃을 들어
보이시었으며, 사라 쌍수(沙羅雙樹) 아래 곽(槨) 속에
서 두 발을 보이사, 이 세 곳에서 마하 가섭(摩訶迦葉)
에게 교외별전 법을 전하시고, 가섭이 아난(阿難)에게
전하사 33대에 걸쳐 조사와 조사가 서로 전함이 덕숭
산에 이르러, 경술년으로부터 이제까지 30회에 달한
바, 무슨 법으로써 사람을 위하였는가?

○ 이것은 바로 부처님과 조사의 심인(心印)이며, 모
든 중생의 본래 면목이니라. 세존께서 설산(雪山)에
계시사 6년 동안을 앉아 움직이지 아니하시고, 달마
(達摩) 대사가 소림굴(少林窟)에 계시어 9년 동안을
말이 없으시고, 조주(趙州) 대사가 30년 동안을 잡
된 생각 없이 한결같이 마음을 씀이 다 이 낱[이]을
닦아 증(證)함이어늘, 요사이 사람들은 무엇 때문에
옛 성인을 모범(模範)하지 아니하는고! 만일 옛 성인
을 모범하지 아니하고는 자기를 구제(救濟)함도 다하
지 못하리니, 어찌 중생을 제도(濟度)하겠는가?

슬프다! 대법(大法)이 침륜(沈淪)하매 마구니와 외도
가 치연하여 실과 같이 위태한 부처님의 혜명(慧命)
을 보존하기 어려움은 실로 오늘의 현상이다.
이에 백 가지 폐단이 일어나 제산(諸山)의 학자가 안
으로는 발심(發心)의 기틀을 잃고, 밖으로는 메마름을

치료할 바탕이 없으므로, 이에 느낀 바 있어 작으나마 조도(助道)의 자량(資糧)을 근역[6] 선림(禪林)에 향을 사르고 바치노니, 근역 선림의 오늘날을 충분히 판단하는 뜻이 있는 여러분들이여! 3요(三要)를 힘써 갖추고, 2리(二利)[7]의 바탕을 이에 비롯하여, 근역의 선림을 부흥시키고, 설산의 좌선과 소림의 묵언과 조주의 용심을 모범하여 깨달아 닦아 증함이, 옛 부처로 다름이 없이하여, 부처님과 조사의 정맥을 위로는 영산(靈山)에 대를 잇고, 밑으로는 용화에 이르게 하여, 3세에 현현(玄玄)한 가풍을 떨치고, 시방에 크게 모범을 지어서 4생과 6도(六途)의 미한 중생을 제도하여, 함께 금선(金仙)을 증득하여지기 분향하노라.

3단[8] 등 시주로 6도(六度)[9]를 같이 닦아, 샘이 없는 과(果)를 뚜렷이 하여 함께 부처를 이루어지이다.

세존 응화 2954년 정묘(1927년) 12월 8일
임제 32대 사문 만공은 금선대에서 쓰다

[註]
① 「화엄경(華嚴經)」 = 석가가 도(道)를 이룬 뒤 27일 되던 날, 법계(法界) 평등의 진리를 증오(證悟)한 불(佛)의 만행(萬行)·만덕(萬德)을 칭양(稱揚)한 경전.
② 「법화경(法華經)」 = 부처가 가야(伽倻)에서 도를 이루고 세상에 나온 본뜻을 말한 대승 경전.

③「원각경(圓覺經)」 = 대승 원돈(圓頓)의 교리를 말한 경전.

④ 환화(幻化) = 실다움이 아닌 것.

⑤「금강경(金剛經)」 = 공혜(空慧)로서 체(體)를 삼고 일체법
(一切法) 무아(無我)의 이치를 말한 경전. 혜(慧)가 공(空)함
을 보이고, 경계가 공함을 말하고, 뒤에 보살공을 밝혔음.

⑥ 근역(槿域) = 한반도.

⑦ 2리(二利) = 이타(利他) · 자리(自利).

⑧ 3단(三檀) = 재시(財施) · 법시(法施) · 무외시(無畏施) 또는
음식시(飮食施) · 진보시(珍寶施) · 신명시(身命施).

⑨ 6도(六度) = 보시(布施) · 지계(持戒) · 인욕(忍辱) · 정진(精
進) · 선정(禪定) · 지혜(知慧).

덕숭산 정혜사 능인선원

덕숭산 정혜사 능인선회 방함록 서

옛적에 96종이 다 유위법(有爲法)으로 종(宗)을 삼았음인지라, 생사(生死)를 윤회(輪廻)함이 만겁이나 되거니와, 영산 회상(靈山會上)의 대각 세존(大覺世尊)은 대중에게 무위정법(無爲正法)의 삼보리(三菩提)를 보이사 길이 윤회를 끊게 하시니, 이와 같이 모여 참구할지어다. 이것이 영산의 방함(芳啣)이니라.

덕숭산인(德崇山人) 만공 월면(滿空月面)이 30년 이래에 ∴ 이같이 대중에게 보여서 보리를 일러 얻게 하여 삼계에 뛰어나게 할 것이니 이와 같이 모여 참구하라. 이것이 능인 방함(能仁芳啣)이니라.

그러나 삼보리란 무엇인고?
갈쌀보리 봄쌀보리 육모보리니라.

불기 2964년 정축(1937년) 11월 보름
경허 선사 사법(嗣法) 월면 만공 씀

견성암 방함록 서

이르노니 어떤 것이 이름이 방함(芳啣)인고?
생사(生死)의 고해(苦海)를 여의고 깨달음의 피안[覺岸]에 오르는 것이 방함이니라.

이르노라. 어떤 것이 고해를 여의고 각안에 오르는 것인고?
고해에 고해가 없고, 각안에 각안이 없는 도리가 고해를 여의고 각안에 오르는 법이니, 석가세존의 영산회상(靈山會上)도 이와 같은 방함이며, 미륵불의 용화회상(龍華會上)도 이와 같은 방함이니라.
쯧쯧.

불기 2955년 무진(1928년) 정월 보름
만공은 누설하다

수덕사 견성암

발원문

發願文

발 원 문

8만 4천의 법문이 부처님의 말씀이 아닌 바가 아니나, 모두 아이의 울음을 그치게 함에 지나지 아니하고, 오직 마음을 바로 가르쳐서 견성성불(見性成佛)케 하는 참선법(參禪法)이 있을 따름이로다.

3계(三界)에 모든 불보살(佛菩薩)이 모두 이 법으로써 고해의 중생을 제도하시나니, 그러므로 이것을 정법안장(正法眼藏)[①]이라 하며, 혹은 부처님의 심인(心印)이라 하며, 경절문(俓截門)[②] 또는 골수법(骨髓法)이라 하나니, 선법(禪法)을 여의고는 만 가지 법을 모두 닦을지라도 부처님과 조사의 연설하신 참된 뜻이 나타나지 아니할 것이며, 중생 제도할 길이 어찌 막히지 아니하리오.

다행히 우리 나라는 불교의 정법(正法)인 참선법이 유포되어 수가 없는 조사(祖師)가 출현하셨을 뿐 아니라, 삼삼(卅三: 33) 조사[③]의 정맥(正脈)을 직전(直傳)하였으며, 108 역대 조사의 계통을 이어받아 순전히 선종법계(禪宗法系)를 장엄하매, 근역(槿域) 문화의 근원이 되었도다.

그러나, 거의 수백년 이래로 국정의 압박과 기타 여러 가지 폐해로 말미암아 대법(大法)의 광명이 흑운(黑雲)에 가리매, 암흑한 구렁에 헤매는 중생의 앞길을 인도할 수 없을 뿐만 아니라, 사라수하(沙羅樹下)의 유촉(遺囑)을 거의 저버리게 되었도다.

슬프다! 백폐가 다투어 일어나매 내부에 부패가 극도에 이르고, 외계에 풍우가 또한 시급함이로다.

슬프다! 각황(覺皇)의 혜명이 이로 좇아 보전하기 어렵도다.

제산 납자(諸山衲子)여! 분(憤)을 발하라. 대원(大願)을 세워라!

이제 정히 그때를 당함이로다. 듣지 못했는가! 아미타불(阿彌陀佛)[④]은 과거 법장(法藏) 비구 때에 48원(願)[⑤]을 세우시고, 지장보살(地藏菩薩)[⑥]은 지옥 중생을 슬피 여기사 대원(大願)을 세우셨으니, 이와 같이 3세(三世)의 모든 불보살들이 원력(願力)을 세우지 아니하심이 없음이로다.

대법 침륜(大法沈淪)을 애통하시는 4해(四海) 도반(道伴)이여!

3세 제불을 본받아 대원을 세우사 한쪽의 바리때와 한 폭의 누더기의 부운생애(浮雲生涯)도 오히려 지탱하기 어려운 우리 선우(禪友)를 붙잡으며, 선림을 부흥하고 현풍(玄風)⑦을 유통하여 위로 혜명을 영산에 잇고, 아래로 심월(心月)을 용화(龍華)⑧에 비추어 4중은혜(四重恩惠)⑨를 보답하며, 삼도고취(三途苦趣)⑩를 도탈(度脫)케 하여 법계 함령(含靈)이 다 함께 성불(成佛)케 합시다.

세존 응화 2957(서기 1930)년 정월 일

[註]
① 정법안장(正法眼藏) = 석가가 성도(成道)한 비밀의 극의(極意)로 바로 사람의 마음을 가르쳐 성리를 깊이 깨닫게 하는 묘리(妙理). 석가가 영산회상(靈山會上)에서 꽃을 꺾어 보일 때 가섭(迦葉)만이 그 뜻을 알고 웃었으므로 「나에게 정법안장과 열반묘심(涅槃妙心)이 있다」고 가섭에게 설하였다 함.
② 경절문(徑截門) = 빠른 지름길의 구도(求道)의 문.
③ 삽삼조사(卅三祖師) = 부처님의 법을 이은 33 조사. 서천 28 조사와 중국의 6조사가 있다.
④ 아미타불(阿彌陀佛) = 서방 정토(西方淨土)에 있다고 하는 부처님.
⑤ 48원(四十八願) = 아미타불이 전날에 법장(法藏) 비구로 있을 때 일체의 중생을 구제하기 위하여 마음 먹었던 마흔 여덟 가지의 큰 서원(誓願).
⑥ 지장 보살(地藏菩薩) = 석가가 입멸한 후 미륵불(彌勒佛)의 출세까지 부처 없는 세계에 머무르며 6도(六道)의 중생을 교화한다는 보살.

⑦ 현풍(玄風) = 현묘(玄妙)한 진리의 가풍(家風).

⑧ 용화(龍華) = 미륵이 성불(成佛)한 후 중생을 제도하는 법회. 용화 3회(龍華三會)라고도 한다.

⑨ 4중 은혜(四重恩惠) = 나라 · 부모 · 시주(施主) · 도반(道伴) 등에 입은 네 가지 무거운 은혜.

⑩ 3도고취(三途苦趣) = 살아서 지은 죄과로 인하여 죽은 후에 가는 지옥(地獄) · 축생(畜生) · 아귀(餓鬼) 등 괴로운 3악도.

사홍 서원四弘誓願

주인공아! 정신 차려 살필지어다.

너를 낳으시고 기르신 부모의 은혜를 아느냐.

모든 것을 보호하여 주시는 나라의 은혜를 아느냐.

모든 수용을 당하여 주시는 시주의 은혜를 아느냐.

정법(正法)을 가르치시는 스님의 은혜를 아느냐.

서로 탁마(琢磨)하는 대중의 은혜를 아느냐.

네가 출가한 처음 뜻을 잊지 않느냐.

이 더러운 몸이 생각 생각에 썩어져 감을 아느냐.

사람의 목숨이 호흡 사이에 있는 줄을 아느냐.

승당을 여의지 않고 절개를 지키느냐.

공연히 잡담하지 않느냐.

분주히 시비를 일으키지 않느냐.

화두가 자나 깨나 항상 성성하여 매하지 않느냐.

듣고 보고 말하고 오고 갈 때에 한 조각을 이루지 않느냐.

금생(今生)에 결정코 부처님의 혜명을 잇겠느냐.

수용이 좋으며 편안할 때에 지옥고를 생각하느냐.

이 몸으로 아주 생사를 면하겠느냐.

팔풍(八風) 경계를 당하여도 마음이 동하지 않느냐.

슬프도다! 이 몸을 금생에 제도 못하면 다시 언제나
제도할 것인가!
시방 3세의 모든 부처님과 보살님께옵서 대자 대비
를 드리우사 증명하여 주시옵소서.
제자가 이에 모든 것이 허망함을 깨닫고, 참된 법을
구하기 위하여 큰 서원을 발하나이다.

 중생이 가이 없는지라 서원코 건지겠사오며,
 번뇌가 다함이 없는지라 서원코 끊겠사오며,
 법문이 한량이 없는지라 서원코 배우겠사오며,
 불도가 위 없는지라 서원코 이루겠나이다.

 자성 중생(自性衆生)을 서원코 건지겠사오며,
 자성 번뇌(自性煩惱)를 서원코 끊겠사오며,
 자성 법문(自性法門)을 서원코 배우겠사오며,
 자성 불도(自性佛道)를 서원코 이루겠나이다.

8풍이란 것은 남이 나에게 이롭게 하는 때나, 나를
칭찬할 때나, 모든 일이 내 뜻대로 되는 때나, 편안
하고 즐거운 때나, 내외 형편이 쇠잔할 때나, 남이
나를 기롱(譏弄)하는 때나, 고생스러울 때나, 이러한
여러 가지 경계에 좋으나 좋지 않으나 그 마음이 조
금이라도 동하지 말아야 하는 것이니라.

삼대 발원三大發願

1, 우리는 3세 제불의 말세(末世) 정법(正法)을 옹호
합시다.
2, 우리는 조종(祖宗)의 현풍을 유통하여 2리(二利:
자리이타)를 원성(圓成)합시다.
3, 우리는 근역 선림(槿域禪林)을 진흥하여 세계 문
화를 개척합시다.

수행찬

修行讚

참선곡參禪曲

참선하세 참선하세 젊었을때 참선하세 老人不修 破車不行
고금으로 古今말씀 일러옴을 어이하랴 안민을까 五濁惡世
受苦衆生 多劫業障 至重하여 참선이란 무엇인지 아지못한
저분들께 參禪二字 설명하니 안심하여 들어보소 지금세상
사람들이 근본정신 등을지고 風燈같은 肉體생활 아침나절
성턴몸이 저녁나절 重病들어 樂을쓴들 효력보며 名山大刹
기도하니 기도덕을 입을소냐 新舊의사 청해다가 갖은치료
다하여도 할수없이 죽는인생 한심하고 참혹하다 이러므로
佛陀께서 凡所有相 皆是虛妄 곳곳마다 느낌일세 虛妄二字
있을진댄 眞實二字 있을일은 증명할일 이아닌가 사람끼리
서로불러 대답하는 나의정신 죽도않고 살도않고 生死輪廻
간섭없는 昭昭靈靈 나의佛性 사람마다 다있건만 있는건지
없는건지 밝은건지 어둔건지 方圓長短 무엇인지 明暗色空
무엇인지 명백하게 모른고로 六途四生 輪廻하며 만반고초
다받으니 이러므로 悉達太子 淨飯王宮 급히떠나 雪山幽谷
깊이들어 六年修行 參禪하여 甲申臘月 初八日에 밝은별을
보시다가 忽然正覺 하셨으니 호를장부 天人師라 우리들도
發心하여 悉達太子 본받을세

참선을 배워 정진하는 법

사람사람 무삼도리 행하여야 虛妄된법 다버리고 眞實道에
精進될까 하늘을　믿는법이 진실도에 정진될까 하늘역시
有相이라 成住壞空 못면하니 진실도라 못하오며 땅을
믿는법이 진실도에 정진될까 땅역시　유상이라 성주괴공
못면하니 진실도라 못하오며 虛空을　믿는법이 진실도에
정진될까 허공역시 유상이라 성주괴공 못면하니 진실도라
못하오며 부처님을 믿는법이 진실도에 정진될까 부처역시
名相이라 진실도라 못하오며 父母를　믿는법이 진실도에
정진될까 부모역시 유상이라 生老病死 못면하니 진실도라
못하오며 子女를　믿는법이 진실도에 정진될까 자녀역시
유상이라 생로병사 못면하니 진실도라 못하오며 兄弟를
믿는법이 진실도에 정진될까 형제역시 유상이라 생로병사
못면하니 진실도라 못하오며 家君을　믿는법이 진실도에
정진될까 가군역시 유상이라 생로병사 못면하니 진실도라
못하오며 朋友를　믿는법이 진실도에 정진될까 붕우역시
유상이라 생로병사 못면하니 진실도라 못하오며 財産을
믿는법이 진실도에 정진될까 재산역시 유상이라 있다가도
없어지니 진실도라 못하오며 사람사람 나의肉體 믿는법이
진실도에 정진될까 나의육체 유상이라 생로병사 못면하니
진실도라 못하오며 보는놈을 믿는법이 진실도에 정진될까
보는놈도 識心이라 起滅生死 못면하니 진실도라 못하오며

듣는놈을 믿는법이 진실도에 정진될까 듣는놈도 식심이라
기멸생사 못면하니 진실도라 못하오며 냄새맡고 맛보는놈
믿는법이 진실도에 정진될까 냄새맡고 맛을보는 이놈역시
식심이라 기멸생사 못면하니 진실도라 못하오며 차다덥다
하는놈을 믿는법이 진실도에 정진될까 차다덥다 하는놈도
또한역시 식심이라 기멸생사 못면하니 진실도라 못하오며
善心惡心 믿는법이 진실도에 정진될까 善心역시 妄識이요
惡心역시 妄識이라 기멸생사 못면하니 진실도라 못하오며
팔만사천 같은妄想 기멸생사 못면하니 진실도라 못하리니
무삼方便 행하여야 허망된법 다버리고 진실도에 정진할꼬
진실도의 정진법은 一千七百 公案이요 一千七百 公案中에
趙州無字 最上이라 無字話頭 드는법을 세밀하게 說하오니
이話頭를 決擇하여 진실도에 정진하면 부처되기 아주쉽소

＊ 다음「무자화두無字話頭 드는 법法」참조.

- 211 -

무자 화두無字話頭 드는 법[1]

한 중이 조주(趙州) 스님께 묻되, 『개도 도리어 불성
(佛性)이 있나이까 없나이까?』하니 조주 스님은 『무
(無)』라 하였으니, 조주는 무엇을 인하여 「무(無)」라
일렀는고?

이 한 생각을 짓되 고양이가 쥐 생각하듯, 닭이 알
을 품듯 앞 생각과 뒷 생각이 서로 끊어짐이 없이
샘물 흘러가듯 하여 가되 아침 일찍 찬물에 얼굴 씻
고 고요한 마음을 단정히 하고 앉아 화두를 들되 개
가 불성이 있단 말인가, 없단 말인가? 있고 없는 것
이 다 공(空)하여 참으로 없단 말인가?

이 같은 요별 망상은 옛 사당의 찬 향로와 같이 고
요하게 하고, 화두는 성성하게 하여, 밝은 달이 허
공에 뚜렷하게 드러난 것 같이 하여, 망상은 적적하
고 화두는 성성(惺惺)하여 적적함이 달 덩어리와 달
광명이 서로 어김 없는 것같이 화두를 지어 가되,
저녁 때에 잘 살펴 보아 망상을 많이 피고, 화두를
잘못 들었거든 자성(自性)을 불러 꾸짖되,

『주인공아, 내 말을 들어라! 네가 비롯함이 없음으

로부터 금생(今生)까지 이르러 공부를 등지고 날로 망상에 합하여 화택 수고(火宅受苦)를 면치 못하는 놈이 금생에도 이와 같이 혼침 산란과 해태 방일 속에 빠져 허송 세월을 하게 되니, 만약 오늘 밤이라도 눈빛이 땅에 떨어지면 천당 갈지 지옥 갈지 아귀(餓鬼) 될지 마복(馬腹: 말 뱃속)을 향할지 우복(牛腹: 소 뱃속)을 향할지 모르거늘, 어찌 공부를 이와 같이 방향 없이 짓는고!』

크게 꾸짖고 수마(睡魔)를 이기지 못하여 잠을 자되 부처님이 3경(三更) 외에 잠을 허락하지 아니하였으니, 세 시간만 잠을 자고 일어나서 또 찬물에 얼굴을 씻고 고요한 마음으로 앉아 생각하되, 요행히 간밤을 살아 왔으니 오늘은 결정코 공부를 단판 내어 뒷근심이 없게 하리라 하고, 그 전날보다 더 지극한 마음으로 날마다 이와 같이 공부를 지어 갈진댄 어찌 10년 20년을 허송 세월 하리오.

깨달음이란 어느 한정된 기간에서 성취하는 것이 아니고 그 지극한 마음에 따라서
고요한 밤 밝은 달을 보고 도를 깨닫기도 하며,
새벽 종 소리를 듣고 도를 깨닫기도 하며,
원촌(遠村)의 닭 우는 소리를 듣고 도를 깨닫기도 하며,

원촌의 행상 소리를 듣고 도를 깨닫기도 하며,
이웃집 아기 우는 소리를 듣고 도를 깨닫기도 하며,
선지식(善知識)의 설법을 듣고 언하(言下)에서 도를
깨닫기도 하며,
좋은 인연을 따라 머리머리마다 도를 깨닫지 못할
곳이 없도다.

싱그러운 광명이 하늘도 덮고 땅도 덮고 밤도 없고
낮도 없는 광명의 세계를 이룬다 하나, 월면(月面)의
아는 바는 그렇지 아니하여 터럭만치도 밝음이 없
고, 터럭만치도 어두울 것이 없으며,
혹 도를 깨달음에 지혜가 명철하여 일체법을 하나도
모를 것이 없이 다 안다 하나, 월면의 아는 바는 그
렇지 아니하여 지혜가 없어 가히 한 법도 앎이 없어
한 법도 가히 모를 것이 없으며,
혹 도를 깨달음에 살고 죽는 것이 없다 하나, 월면
의 아는 바는 그렇지 아니하여 혹 살기도 하고, 혹
죽기도 하여, 죽고 삶이 없고 있음이 없으며,
혹 도를 깨달음에 다시 보림(保任)하여 성품이 흰
연꽃 같아서 다시 물들음이 없다 하나, 월면의 아는
바는 그렇지 아니하여 배고픔이 오면 밥 생각이 간
절하고, 졸음이 오면 자고 싶은 생각이 간절하여 다
시 물들음이 없고 있음이 없으며,
혹 도를 깨달음에 다시 닦고 닦아 증득한다 하나,

월면의 아는 바는 그렇지 아니하여 본래 잃어 버린 것이 없어 다시 증득할 것이 없어, 산과 산, 물과 물이 각각 완연(完然)한 소식임을 뉘라서 변작(變作)할까.

만약 사람이 이 도리를 잘못 알면 지옥에 가기를 화살같이 할 것이요, 만약 이 도리를 명백하게 살펴 얻을진댄 모든 불조(佛祖)의 스승이 되어 만반 불사를 다스릴 제,

푸른 산 푸른 물을 향하여 불사(佛事)를 작(作)하며,
조각조각 흰 구름을 향하여 불사를 작하며,
고요한 밤 원숭이 울음을 향하여 불사를 작하며,
돌장승 피리 부는 소리를 향하여 불사를 작하며,
무쇠계집 아기 낳는 곳을 향하여 불사를 작하며,
해골 속 푸른 눈알을 향하여 불사를 작하며,
고목나무 속 용의 울음을 향하여 불사를 작하며,
오고 가는 것을 향하여 불사를 작하며,
술잔과 고깃점을 향하여 불사를 작하며,
앉고 눕는 것을 향하여 불사를 작하며,
고요하고 움직이는 것을 향하여 불사를 작하며,
밝은 머리가 오면 밝은 머리를 향하여 불사를 작하며,
푸른 머리가 오면 푸른 머리를 향하여 불사를 작하며,
노란 머리가 오면 노란 머리를 향하여 불사를 작하며,

붉은 머리가 오면 붉은 머리를 향하여 불사를 작하며,
흰 머리가 오면 흰 머리를 향하여 불사를 작하며,
모진 머리가 오면 모진 머리를 향하여 불사를 작하며,
둥근 머리가 오면 둥근 머리를 향하여 불사를 작하며,
긴 머리가 오면 긴 머리를 향하여 불사를 작하며,
짧은 머리가 오면 짧은 머리를 향하여 불사를 작하며,
착한 머리가 오면 착한 머리를 향하여 불사를 작하며,
악한 머리가 오면 악한 머리를 향하여 불사를 작하며,
옳은 머리가 오면 옳은 머리를 향하여 불사를 작하며,
그른 머리가 오면 그른 머리를 향하여 불사를 작하며,
삼라 만상(森羅萬象)의 정여 무정(情與無情)에
물건물건 머리머리를 향하여 불사를 작하니,

이 무슨 도리인고?

밝고 밝은 일백 풀 머리에
밝고 밝은 조사의 뜻이로다.

[註]
① 이 「무자 화두(無字話頭) 드는 법」은 만공 스님이 덕숭산
전월사(轉月舍)에서 직접 쓰신 글이다.

산에 들어가 중이 되는 법

人間五欲 다버리고 山에들어 중되는법 옷과밥을 구함인가
옷과밥을 구하려면 산에들일 무삼이며 富貴榮華 구함인가
부귀영화 구하려면 산에들일 무삼인가 名慾權利 구함인가
명욕권리 구하려면 산에들일 무삼인가 文章名筆 구함인가
문장명필 구하려면 산에들일 무삼인가 入山爲僧 하는법은
世上萬事 다버리고 남음없는 發心으로 善知識을 參禪하여
焚香叩頭 信올리고 어떤것이 부처리까 한말씀을 올리며는
선지식이 무삼법을 答할른지 그말씀을 信行하여 行住坐臥
動靜中에 일분일각 간단없이 昏沈散亂 팔리잖고 惺惺寂寂
擧覺할때 起心은　天魔요　不起心은 陰魔요　起不起는
戱論魔니 무심방편 행하여야 허물된病 다고치고 眞實道에
정진할꼬

한 중이 조주(趙州) 스님에게 묻되,
『개도 도리어 불성(佛性)[1]이 있나이까 없나이까?』
하니, 조주 스님이 이르기를 『무(無)』라 하셨으니,
조주는 무얼 인하여 무라 일렀는고?
이 생각을 고양이가 쥐를 생각하듯 닭이 알을 품듯
일심(一心)으로 지어 갈 제 개불성이 있음도 아니요,
개불성이 있고 없는 두 가지가 다 공하여 아주 없는

것도 아닌 곳을 향하여 들어가다 취부득(取不得) 습부득(拾不得)하여, 공부를 지을래야 지을 수도 없으며, 놓을래야 놓을 수도 없는 즈음에 적야삼경(寂夜三更)에 그림자 없는 금송아지가 쇠벽을 뚫고 나오더라.

소를 얻기는 얻었으나 키울 일이 난처로다. 이 소는 다른 소와 달라 모든 풀과 곡식을 아니 먹고, 다만 귀신 방귀 털을 먹고 사는 소라, 키우기 극난일세. 귀신 방귀 털이나마 다른 소와 같이 먹새를 잘하면 무엇을 걱정할까. 터럭 만치만 더 먹여도 창증(瘡症)이 나고, 터럭 만치만 덜 먹여도 허기나니 참 이 소 키우기 어렵도다.

하루, 이틀, 사흘, 나흘, 한 달, 두 달, 일 년, 이 년, 온 삼년 키우자니 세계(世界)에 귀신 방귀 털이 품절되어 먹일 것이 없어서 금송아지 죽었으니, 사랑스럽게 키우던 소의 주인이 마음을 붙일 곳 전혀 없어 소 임자마저 죽어 인우(人牛)가 구망(俱亡)[2]일세.

[註] ① 불성(佛性) = 일체 중생이 본래 지니고 있는 부처로 될 성품. ② 구망(俱亡) = 모두 잊어버림.

청정수행록清淨修行錄

사람에게 세 가지 몸이 있으니, 일왈(一曰) 법신(法身)이요, 이왈(二曰) 업신(業身)이요, 삼왈(三曰) 육신(肉身)이로다.

또 이르노라.

법신은 곧 불신(佛身)이요, 업신은 곧 귀신(鬼神)이요, 육신(肉身)은 곧 사람의 색신(色身)이로다.

색신 가운데 업신과 법신이 구족(具足)하여 서로 여의지 않건마는 중생의 업보(業報)가 중(重)하여 다못 업신이 구원겁(久遠劫)을 드나들며 4생 6취의 육신으로 인하여 모든 악업을 지을 때에 부처님이 설하신 5계(五戒)를 믿지 아니하고 난행(亂行)을 하는 고로, 혹 인신(人身)을 받아 나더라도, 혹 눈으로 보지 못하거나, 혹 귀로 듣지 못하거나, 혹 코로 맡지 못하거나, 혹 혀를 놀리지 못하거나, 혹 목을 앓거나, 혹 팔을 못 쓰거나, 혹 가슴을 앓거나, 혹 내종을 앓거나, 혹 다리를 못 쓰거나, 혹 전신(全身)에 만신창(滿身瘡)이 돋거나, 혹 치질을 앓거나, 혹 몸에서 추한 냄새가 나거나, 혹 내외 금슬이 없거나, 혹 자식(子息)을 많이 낳아 기르지 못하거나, 혹 남녀간 상부상처(喪夫喪妻)를 당하거나, 혹 얼굴이 박색으로 타고 나거나, 혹 단명보(短命報)를 받아 익사(溺死)하 거나, 혹 호식(虎食)하여 죽거나, 혹 독사(毒蛇)에게 물려 죽거나, 혹 지네에게 물려 죽거나, 혹 높은 나 무에서 떨어져 죽거나, 혹 물에 빠져 죽거나, 혹 불 에 타서 죽거나, 혹 도적놈에게 죽거나, 혹 남의 참 소(讒訴: 무고)에 죽거나, 이 같은 가지가지 모든 액 사(厄事)를 당하는 것이 도시(都是) 부처님의 5계를 믿지 아니하고 불법을 비방한 과보건마는, 일체 중 생이 이 이치를 깨닫지 못하고 모든 업보를 날로 받 으니 가히 슬프고 슬프도다.

5계라 하니 무엇무엇 5계련고?
살(殺)·도(盜)·음(婬)·망(妄)·주(酒) 이 다섯 가지 로다.
제 1은 살생(殺生)을 말지니라. 살생을 많이 하매 세 세 생생에 단명보를 받으며, 내 손에 죽은 모든 무 리들이 세세 생생에 나를 좇아 다니며, 내 몸을 해 롭게 할 제 이 위와 같은 모든 액사를 당하게 되나 니라.
제 2는 도적질을 말지니라. 만약 사람이 도적질을 할진댄 복덕 종자(福德種子)가 끊어져 세세 생생에 박복빈천(薄福貧賤)한 사람이 되어 날지로다.

제 3은 사음(邪婬)을 말지어다. 만약 사람이 사음을 행한 즉 세세 생생에 식신(識身)이 청정(淸淨)치 못하고, 남녀간 시앗을 많이 보아 마음 편안할 날이 없을지로다.

제 4는 거짓말을 말지니라. 만약 사람이 거짓말을 할진대 진실(眞實)한 종자가 끊어져, 모든 사람이 나의 말을 믿지 아니하여 헛된 사람이 되매 매사불성(每事不成)이 되나니라.

제 5는 술을 먹지 말지니라. 만약 사람이 술을 마시매 지혜의 종자가 끊어져 성현의 어질고 착한 말씀은 즐겨 받아 듣지 아니하고, 외도(外道) 마구니의 삿된 말과 망령된 말과 탐(貪)·진(嗔)·치(痴)와 간악질투(奸惡嫉妬)와 10악(十惡)과 8사(八使)[①]를 익혀 저 3악도(三惡途)에 떨어져 길이 나올 시기가 없으리니 어찌 불쌍하지 아니하리오.

사람에게 법신(法身)·업신(業身)·육신(肉身) 세 가지 몸이 있다 하니 어떠한 것이 육신인고?

지(地)·수(水)·화(火)·풍(風) 4대(四大)로다. 지(地)는 곧 살이요, 수(水)는 눈물·콧물·대소변(大小便)이요, 화(火)는 따뜻한 기운이요, 풍(風)은 콧김·입김·동정(動靜)이니 이 네 가지를 부모에게서 얻어 육신을 작(作)하였다가 명(命)이 다하여 임종을 하매 지(地)는 땅으로 돌아가고, 수(水)는 물로 돌아가고,

화(火)는 불로 돌아가고, 풍(風)은 바람으로 돌아가 4대가 흩어지니 허황하기 일장 춘몽(一場春夢)이요, 장마에 두엄 버섯이니라.

어떠한 것이 업신(業身)인고? 안(眼)·이(耳)·비(鼻)·설(舌)·신(身)·의(意) 이 여섯 가지 식심(識心)이로다.

눈으로 일체 만물을 보아 탐하여 모든 업을 지으며, 귀로 일체 소리를 들어 좋고 언짢은 소견을 내어 모든 업을 지으며, 코로 모든 냄새를 맡아 좋고 언짢은 소견을 내어 모든 업을 지으며, 혀로 모든 음식(飮食)을 맛보다 좋고 언짢은 소견을 내어 모든 업을 지으며, 몸으로 춥고 더운 분별망상(分別妄想)을 내어 모든 업을 지으며, 뜻으로 밉고 어여쁘고 좋고 나쁜 일체 망상(妄想)을 내어 모든 업을 지어, 이 여섯 놈이 무량겁(無量劫)으로 드나들며 모든 업을 능히 짓기도 하며, 모든 업을 능히 받기도 하나니, 이러므로 이름을 업신(業身)이라 함이로다.

어떠한 것이 법신(法身)이런고?

일찍이 발심하여 선지식(善知識)[2]을 친견(親見)하여 다생죄업(多生罪業)을 참회하고, 옛 성현의 친절언구(親切言句) 1천 7백 화두(話頭) 가운데 자기에게 합당한 화두를 분명히 결택(決擇)하여 행(行)·주(住)·좌(坐)·와(臥)·어(語)·묵(黙)·동(動)·정(靜) 중에 모든 망상

(妄想)이 적적(寂寂)한 가운데 화두가 성성(惺惺)하여 듣지 아니하되 화두가 스스로 들림이 샘물 흘러가듯 간단이 없이 화두가 타성 일편(打成一片)에 이르러, 홀연히 망상 구름이 흩어지고 마음달이 홀로 드러나 3천대천세계(三千大天世界)를 비추어 그 밝은 빛이 하늘과 땅이 궤멸(潰滅)하여도 이 광명(光明)이 길이 멸하지 아니하며, 이것을 이름하되 불생불멸지도(不生不滅之道)라 하나니라.

이 같은 이치를 통달(通達)한 사람을 선지식이라 이름하며, 혹 도사(道師)라 이름하며, 혹 보살(菩薩)이라 이름하며, 혹 부처라 이름하나니, 천당(天堂)·불찰(佛刹)에 임의 자재하여 천상(天上)에 가서 나매 천상 사람을 제도하며, 인간에 나매 인간을 제도함에 이르므로 인천(人天)에 스승이 되며, 4생(四生)에 자비로운 부모(父母)가 되는 고로 이 사람의 이름이 조어장부(調御丈夫)·천인사(天人師)·불(佛)·세존(世尊)이로다.

[註] ① 8사(八使) = 생(生)·멸(滅)·거(去)·래(來)·일(一)·이(異)·단(斷)·상(常). ② 선지식(善知識) = 불도(佛道)를 깨치고 덕이 높아 사람을 불도에 들어가게 지도하는 스승.

법훈
法訓

나를 찾아야 할 필요와 나

1. 사람이 만물 가운데 가장 귀하다는 뜻은 얻는 데 있나니라.

2.나라는 의의가 절대 자유(絶對自由)로운 데 있는 것으로 모든 것은 내 마음대로 자재(自在)할 수 있어야 할 것임에도 불구하고 우리 인간은 어느 때, 어느 곳에도 자유가 없고, 무엇 하나 임의(任意)로 되지 않는 것은 망아(妄我)가 주인이 되고 진아(眞我)가 종이 되어 살아 나가는 까닭이니라.

3. 망아는 진아의 소생(所生)인데 현재 우리가 쓰고 있는 마음은 곧 사심(邪心)이요, 진아는 정심(正心)으로 시종(始終)도 없고, 존망(存亡)도 없고, 형상(形像)도 없지마는 오히려 조금도 부족함이 없는 나이니라.

4. 사람이 나를 잊어 버린 바에야 육축(六畜)^①으로 동류(同類) 되는 인간이라 아니할 수 없나니, 짐승이 본능적(本能的)으로 식색(食色)^②에만 팔려서 허둥거

리는 것이나, 제 진면목(眞面目)이 무엇인지도 모르고 현실에만 끌려서 헤매는 것이나, 무엇이 다를 것인가?

세상에서 아무리 위대하다는 인물이라고 하더라도 자기(自己) 면목(面目)을 모른다면 4생 6취(四生六趣)[3]에 윤회(輪廻)하는 한 분자(分子)에 지나지 아니하나니라.

5. 동업중생(同業衆生)이 사는 이 사바세계(娑婆世界)에는 너와 내가 다 같은 생활을 하기 때문에 사람 사는 것이 그저 그렇거니 하고 무심히 살며, 자기들 앞에 가로 놓인 무서운 일을 예측하지 못하고 그럭저럭 살다가 죽음이 닥치면 전로(前路)가 망망하게 되나니라.

6. 나라고 하는 것은 「아무개야!」 하고 부르면 「네!」 하고 대답하는 바로 그것인데 그것은 생사도 없고, 불에 타거나, 물에 젖거나, 칼에 상하는 것이 아니어서 일체 얽매임을 떠난 독립적인 나이다.

7. 인생은 말꼬리에 매달려 울며 딩굴려 가는 죄수처럼 업(業)의 사슬에 끌려 생(生)·로(老)·병(病)·사(死)의 고(苦)의 길을 영겁(永劫)으로 순력(巡歷)하고 있는데, 그 쇠사슬은 자기의 지혜 칼이라야 능히

끊어 버릴 수 있게 되나니라.

8. 사회에서 뛰어난 학식과 인격으로 존경 받는 아무러한 사람이라도 이 일④을 알지 못하면 기실 사람의 정신은 잃어버린 인간이니라.

9. 석가 세존(釋迦世尊)이 탄생시에 산석(産席)에서 한 손으로 하늘을 가리키고 또 한 손으로 땅을 가리키며 「천상천하(天上天下)에 유아독존(唯我獨尊)」이라 하신 그 「아(我)」도 나를 가리킨 것이니라.

10. 각자가 다 부처⑤가 될 성품은 지니었건만, 내가 나를 알지 못하기 때문에 부처를 이루지 못하나니라.

11. 일체가 다 나이기 때문에 극히 작은 하나의 털 끝만한 정력이라도 이 나를 찾는 이외의 어떤 다른 것에 소모하는 것은 나의 손실이니라.

12. 누구든지 육신(肉身) · 업신(業身) · 법신(法身) 세 몸을 지녔는데, 세 몸이 일체가 되어 하나로 쓰는 때라야 올바른 사람이 되는 것이니라.

13. 일체 행동은 법신이 하는 것이나, 육신과 업신을 떠난 법신이 아닌 까닭에 현상(現像) 그대로가

곧 생사 없는 자리이니라.

14. 생사 없는 그 자리는 유정물(有情物)이나 무정물(無情物)이 다 지녔기 때문에 한 가닥 풀의 정(精)이라도 전우주의 무장(武裝)으로도 해체(解體)시킬 수 없나니라.

15. 세상에는 나를 알아보느니 찾아보느니 하는 말과 문귀(文句)는 있으나, 업식(業識)으로 아는 나를 생각할 뿐이요, 정말 나는 어떤 것인지 상상조차 하지 못하나니라.

16. 나는 무한 극수적(無限極數的) 수명(壽命)을 가진 것으로, 죽을래야 죽을 수 없는 금강 불괴신(金剛不壞身)[6]이라 이 육체의 생사는 나의 옷을 바꾸어 입는 것일 뿐, 인간이라면 자신이 소유한 생사의 옷쯤은 자유 자재로 벗고 입을 줄 알아야 되나니라.

17. 보고 들어서 얻는 지식으로서는 얻을 수 없는 것이니라. 나라는 생각만 해도 그것은 벌써 내가 아니니라.

18. 나는 무념처(無念處)[7]에서 찾을 수 있는 것이니, 그것은 무념처에 일체유(一切有)가 갖추어져 있기 때

문이다.

19. 부처를 대상으로 하여 구경(究竟)[8]에 이르면 내가 곧 부처인 것이 발견되나니, 결국 내가 나 안에서 나를 발견해야 하나니라.

[註]
① 6축(六畜) = 집에서 기르는 여섯 가지 가축으로 소·말·돼지·양·닭·개.
② 식색(食色) = 식욕(食慾)과 색욕(色慾).
③ 4생 6취(四生六趣) = 4생은 생물이 생겨나는 네 가지 형식을 말함이니 곧 태생(胎生)·난생(卵生)·습생(濕生)·화생(化生)이요, 6취는 중생이 업인(業因)에 따라 나아가는 지옥·아귀·축생·수라(修羅)·인간·천상(天上)의 여섯 곳.
④ 이 일 = 나를 찾는 일.
⑤ 부처 = 나.
⑥ 금강 불괴신(金剛不壞身) = 금강과 같이 견고하여 괴멸되지 않는 몸. 곧 불신(佛身).
⑦ 무념처(無念處) = 무아(無我)의 경지에 이르러 아무 생각이 없는 곳.
⑧ 구경(究竟) = 사리(事理)의 마지막.

나를 찾는 법 – 참선법

1. 세상에는 나를 찾는 법을 가르쳐 주는 선생도 없고, 장소도 없고, 다만 불교 안에 있는 선방(禪房)에서만 나를 찾는 유일한 정로(正路)를 가르쳐 주나니라.

2. 수도(修道: 參禪)한다는 것은 각자가 자기 정신을 수습해 가는 그 공부를 한다는 말인데, 누구에게나 다 시급한 일이 아닐 수 없나니라.

3. 세상의 학문은 당시 그 몸의 망상에서 일시의 이용으로 끝나고 말지만, 참선학(參禪學)은 세세 생생(世世生生)[1]에 어느 때, 어느 곳, 어느 몸으로, 어느 생활을 하던지 구애됨이 없이 활용되는 학문이니라.

4. 선방만 선방이 아니라 참선하는 사람은 각각 자기 육체가 곧 선방이라, 선방에 상주(常住)하는 것이 행주좌와(行住坐臥) 어묵동정(語默動靜)에 간단(間斷) 없이 정진할 수 있나니라.

5. 참선은 절대로 혼자는 하지 못하는 것이니, 반드시

선지식(善知識)을 여의지 말아야 하나니, 선지식은 인생 문제를 비롯하여 일체 문제에 걸림이 없이 바르게 가르쳐 주나니라.

6. 선지식을 만나 법문 한 마디 얻어 듣기란 천만 겁에 만나기 어려운 일이니, 법문 한 마디를 옳게 알아듣는다면 참선할 것 없이 곧 나를 깨달을 수 있나니라.

7. 법문 들을 때는 엷은 얼음 밟듯 정신을 모아 간절한 마음으로 들어야 하나니라.

8. 선지식은 선생이니 박사니 하는 막연한 이름뿐이 아니라, 일체 이치에 요달(了達)된 사람으로 불조(佛祖)②의 혜명(慧命)③을 상속(相續) 받은 분이니라.

9. 이(理)와 사(事)는 같은 원(圓)이라, 어느 각도에서 출발하든지 쉬지 않고 걸어가면 그 목적이 이루어질 수 있기는 하지만, 나를 발견[自覺]하기까지는 선지식의 가르침이 없이는 될 수 없나니라.

10. 선지식의 법문을 듣고도 흘려 버리고 하여, 신행(信行)이 없으면 법문을 다시 듣지 못하는 과보(果報)④를 얻나니라.

11. 선지식을 믿는 그 정도에 따라 자신의 공부가 성취되나니라.

12. 장맛이 짠 줄을 아는 사람은 다 공부할 수 있나니라.

13. 공부가 잘 되지 않는 것은 전생(前生)에 놀고 지낸 탓이니, 그 빚을 어서 갚아야 수입이 있게 되나니라.

14. 남음 없는 신심(信心)만 있으면 도의 기반은 이미 튼튼해진 것이니라.

15. 신심(信心)·분심(憤心)·의심(疑心) 세 마음을 합하여야 공부를 성취할 수 있나니라.

16. 신심만 철저하면 나의 정기(正氣)에 대상을 곧 정당화시켜서 자율적 성취가 있게 되나니라.

17. 법문을 듣고도 신심이 동(動)하지 않는 인간이라면 내세(來世)에는 다시 인간의 몸을 받기가 어려우니라.

18. 공부하는 사람이 제일 주의해야 할 것은 먼저 나

를 가르쳐 줄 선지식을 택하여야 하고, 나를 완성한 후에 남을 지도할 생각을 해야 하나니라.

19. 명안 종사(明眼宗師)의 인가(印可)도 없이 자칭 선지식으로 남을 가르치는 죄가 가장 크니라.

20. 이 법은 언어가 끊어지고 심행처(心行處)⑤가 멸한 곳에서 발견되는 도리라, 다만 마음과 마음이 서로 응답(應答)하여 상속하는 법으로, 선지식의 직접 가르침이 아니면 배울 수 없는 도리니라.

21. 공부는 발심(發心)⑥ 본위라 별로 제한 받을 것은 없으나, 학령(學齡)으로는 20세로부터 30세까지가 적령(適齡)이니라.

22. 참선법은 평범한 연구나 공부가 아니요, 대(對)가 끊어진 참구법(參究法) 곧, 터럭 끝 하나 얼씬거리지 못하는 경지에 이르러야 하나니라.

23. 백년의 연구가 일분간의 무념처(無念處)⑦에서 얻은 한 낱 이것만 같지 못하다.

24. 일체 중생은 날 때부터 이성(異性)의 감응(感應)으로 말미암아 세세 생생에 익히는 것이 음양법(陰陽法)

이니, 정신 모으는 데는 이성적 장애가 제일 힘이 센 것이니, 공부하는 사람은 이성을 가장 멀리 해야 하나니라.

25. 일체 생각을 쉬고 일념(一念)에 들되, 일념이라는 생각조차 잊어 버린 무념처에서 한 걸음 더 나아가야 나를 발견하나니라.

26. 소아적(小我的) 나는 소멸되여야 하기 때문에 공부의 성취를 하기 전에는 썩은 그루터기 같이 되어 추호도 돌아보지 않을 만큼 나의 존재를 없애야 하나니라.

27. 나를 완성시키는 데는 3대 조건이 구비되어야 하는데, 그것은 도량(道場)·도사(道師)·도반(道伴)이니라.

28. 도를 지키는 사람은 도절(道節)을 지켜야 하는 것이니, 도는 하나이다. 도를 가르치는 방법은 조금씩 다르기 때문에 도절을 지키지 않으면 정신적으로 시간적으로 손실을 보게 되느니라.

29. 짚신 한 켤레를 삼는 데도 선생이 있고, 이름 있는 버섯 한 송이도 나는 땅이 있는데, 일체 만물을

총섭(總攝)하는 도를 알려는 사람이 도인의 가르침 없이 어찌 도인이 될 수 있으며, 천하 정기(天下正氣)를 다 모아 차지한 도인이 나는 땅이 어찌 특별히 있지 않을 것인가. 그리고, 도반(道伴)의 감화력은 선생의 가르침보다도 강한 것이니라.

30. 참선을 하여 인생 문제만 해결되면 억생(億生) 억겁(億劫)에 지은 갖은 악, 갖은 죄가 다 소멸되나니, 그때는 4생 6취에 헤매는 고생을 다시는 받지 않게 되나니라.

31. 수도(修道) 중에는 사람 노릇할 것은 아주 단념해 버리고 귀먹고 눈먼 병신이 되어, 일체 다른 일에 간섭이 없게 되면 대아(大我)는 저절로 이루어 지나니라.

32. 참선법은 상래(上來)로 있는 것이지만, 중간에 선지식들이 화두(話頭) 드는 법으로 참선하는 법을 가르치기 시작하여 그 후로 무수 도인(無數道人)이 출현하였나니, 화두는 1천 7백 공안(公案)[8]이나 있는데, 내가 처음 들던 화두는 곧 「만법(萬法)이 귀일(歸一)이라 하니 하나는 어디로 돌아갔는고?」를 의심하였는데, 이 화두는 이중적 의심이라 처음 배우는 사람은 "만법이 하나로 돌아갔다고 하니, 하나는 무엇인고?" 하는 화두를 들게 하는 것이 가장 좋으리라.

하나는 무엇인고? 의심하여 가되 의심한다는 생각까지 끊어진 적적(寂寂)하고 성성(惺惺)한 무념처에 들어가야 나를 볼 수 있게 되나니라.

33. 하나라는 것은 있는 것도 아니요, 없는 것도 아니요, 이 정신 영혼도 아니요, 마음도 아니니, 하나라는 것은 과연 무엇인고?
의심을 지어 가되 고양이가 쥐를 노릴 때에 일념에 들 듯, 물이 흘러갈 때에 간단(間斷)이 없듯, 의심을 간절히 하여 가면 반드시 하나를 알게 되나니라.

34. 참선한다고 하면서 조금이라도 다른 데 미련이 남아 있거나, 인간으로서의 자랑거리인 학문이나, 기이한 재주 등 무엇이라도 남은 미련이 있다면 참선하기는 어려운 사람인 것이니, 아주 백지로 돌아가야 하나니라.

35. 크게 나의 구속(拘束)에 단련을 치른다면 그 대가로 큰 나의 자유를 얻게 되나니라.

36. 예전에는 선지식의 일언지하(一言之下)에 돈망(頓忘) 생사(生死)하는 이도 있고, 늦어야 3일, 7일에 견성(見性)[9]한 이도 많다는데, 지금 사람들은 근기(根機)도 박약하지만 참선을 부업(副業)으로 해 가기 때문에

20년, 30년 공부한 사람이 불법(佛法)의 대의(大義)를 모르는 이가 거의 전부니라.

37. 밥을 자기가 먹어야 배부른 것과 같이, 참선도 제가 하지 않으면 부처님도 선지식도 제도해 주지 못하나니라.

38. 참선하려면 먼저 6국(六國)[10] 전란(戰亂)을 평정(平定)시켜 마음이 안정되어야 비로소 공부할 준비가 된 것이니라.

39. 가장 자유롭고 제일 간편한 공부이기 때문에 이 공부를 할 줄 아는 사람은 염라국(閻羅國) 차사(差使)의 눈도 피할 수 있나니라.

40. 한 생각이 일어날 때 일체가 생기고, 한 생각이 멸할 때 일체가 멸하나니라.
내 한 생각의 기멸(起滅)이 곧 우주의 건괴(建壞: 건립과 파괴)요 인생의 생사니라.

41. 말이 입에서 나오기 전에 그르쳤다 함은 물질 이전의 마음을 지적한 것이니라.

42. 공부가 잘 된다고 느낄 때 공부와는 벌써 어긋난

것이니라.

43. 꿈속에서 공부해 가는 것을 증험(證驗)하여 선생으로 삼을 것이니라.

44. 꿈도 없고 생시도 없이 잠이 푹 들었을 때에 안신 입명처(安身立命處)를 어디에 두는지 알아야 하나니라.

45. 꿈이라 하는 것은 업신(業身)[11]의 동작인데, 깨어 있을 때는 생각만으로 헤매다가 잘 때 업신이 제 몸을 나투어 가지고 육신이 하던 행동을 짓는 것이니라.

46. 꿈과 생시[夢覺][12]가 일여(一如)하게 공부를 해 나아갈 수 있어야 하나니라.

47. 산 몸이 불에 탈 때에도 정상적 정신을 가질 수 있겠나? 헤아려서 미치지 못한다면 사선(死線)을 넘을 때 자기 전로(前路)가 막막하게 될 것을 알아야 하나니라.

48. 공부인(工夫人)이 공부를 아니 하는 공부를 하여야 하는데, 공부 아니 하기가 하기보다 더욱 어려우니라.

49. 공부를 잘하고 못하는 문제보다도 이 공부밖에 할 일이 없다는 결정적 신심(信心)부터 세워야 하나니라.

50. 오전(悟前)이나 오후(悟後)나 한 번씩 죽을 고비를 넘겨야 하나니라.

51. 참선은 모든 업장(業障)[13]과 습기(習氣)를 녹이는 도가니[甕]니라.

52. 사람을 대할 때에는 자비심(慈悲心)으로 대하여야 하지만, 공부를 위하여서는 극악 극독심(極惡極毒心)이 아니면 8만 4천 번뇌마(煩惱魔)[14]를 쳐부수지 못하나니라.

53. 사형이 집행될 시간 직전에도 오히려 여념(餘念)이 있을지 모르지만, 정진(精進) 중에는 털끝만한 어른거림이라도 섞여서는 아니 되나니라.

54. 공부하는 데는 망상보다도 수마(睡魔)가 두려운 것이니, 수마를 먼저 조복(調伏)시켜야 하나니라.

55. 인신(人身)을 얻기가 극히 어려운 일이니 사람 몸 가졌을 이 때를 놓치지 말고 공부에 힘쓰라. 사람 몸

한 번 놓치게 되면 또 다시 만나기 어려울 것이니라.

56. 공부에 득력(得力)을 못하였을 때 안광 낙지(眼光落地)하게 되면 인업(人業)만 남아 짐승도 미남·미녀로 보여서 그 뱃속에 들기 쉬우니라.

57. 참선하는 사람의 시간은 지극히 귀중한 것이라, 촌음(寸陰)을 허비하지 말아야 하느니라.

58. 변소에 앉아 있는 동안처럼 자유롭고 한가한 시간이 없나니, 그때만이라도 일념에 든다면 견성(見性)할 수 있나니라.

59. 공부가 늦어지는 까닭은 시간 여유가 있거니 하고 항상 미루는 마음이 있기 때문이니라. '자고 나면 오늘은 죽지 않고 살았으니, 살아 있는 오늘에 공부를 마쳐야 하지 내일을 어찌 믿으랴!' 하고 매일매일 스스로 격려해 가야 하나니라.

60. 밤 자리에 누울 때 하루 동안의 공부를 점검하여 망상과 졸음으로 정진 시간보다 많이 하였거든 다시 큰 용기를 내여 정진하되, 매일매일 한결같이 할 것이니라.

61. 공부하다가 졸리거나 망상이 나거든 생사 대사(大事)에 자유롭지 못한 자신의 전정(前程)을 다시 살펴본다면 정신이 저절로 새로워질 것이니라.

62. 사선을 넘을 때 털끝만큼이라도 사심(私心)의 여유가 있다면 참선하는 기억조차 사라져 없어지느니라.

63. 생사 윤회의 생활을 면하려고 출가(出家)한 중이니만큼 참선법을 여의고 하는 일은 모두가 생사법(生死法)을 익히는 것이니라.

64. 도라는 것이 따로 있는 줄 알고 구하는 마음으로 참선한다면 외도(外道)에 떨어지게 되나니라.

65. 설사 도인이 온갖 신통(神通)·변화(變化)를 부리고, 죽을 때에도 불가사의(不可思議)한 이적(異蹟)을 보일지라도 이는 상법(相法)이니, 이런 상법이란 하나도 가히 취할 바는 아니니라.

66. 믿음은 부처를 찾아 오르는 발판이기 때문에 몰아적(沒我的) 믿음의 발판을 딛고 부처를 넘어 각자의 자기 정체(正體)를 찾아야 하나니라.

67. 선(禪)학자는 선학자의 행위를 엄숙히 가져서 입을 열지 않고서도 남을 가르치게 되어야 하나니라.

68. 공부의 과정(課程)에는 지무생사(知無生死)[15]·계무생사(契無生死)[16]·체무생사(體無生死)[17]·용무생사(用無生死)[18]의 네 가지 단계가 있는데 용무생사에 이르러야 비로소 이무애(理無碍)[19]·사무애(事無碍)[20]하게 되는 대자유인(大自由人)이 되나니라.

69. 공부할 때에 짐짓 알려는 생각을 말고, 정진력만 얻으면 공부는 저절로 성취되나니라.

70. 공부가 완성되기 전에 미리 알았다는 생각을 가지고 정진을 게을리하다가는 불법인연(佛法因緣)마저 떨어지기 쉬우니라.

71. 물체에 의존하지 아니하는 정신은 한 모양도 없는 자리에서 일체 행동으로 능히 현실화할 수 있나니라.

72. 정신은 물질의 창조자이지만, 물질이 아니면 정신의 존재와 효과가 나타나지 못하나니라.

73. 물질은 각자 그 이름에 따르는 한 가지 책임을 할 뿐인데, 정신은 이름도 형상도 없지만 만유(萬有)의 근본[바탕]이라, 어디서 무슨 일에나 절대 능력자이니, 이 정신은 누구나 다 가지고 있다. 이 정신만

도로 찾으면 만능(萬能)의 인(人)이 되나니라.

74. 정신이라는 전당(殿堂) 안에는 생사와 선악이라는 두 배우가 순번(順番)으로 삼라 만상(森羅萬像)이란 배경 앞에서 희비극을 무한한 형태(形態)로 연출하고 있나니라.

75. 아무리 문명이 발달한 나라라 하더라도 도인이 없으면 빈 나라요, 아무리 빈약한 나라라 하더라도 도인이 한 사람이라도 있으면 그 나라는 비지 않는 나라이니라.

76. 도인(道人)은 도인이라는 대명사에 지나지 않는 도인이 되어서는 안 된다. 명상(名相)이 생기기 이전 소식을 증득(證得)하여, 도인이라는 우상(偶像)도 여의고, 계(戒)니 수행(修行)이니 하는 구속에서 벗어나 완전 독립적 인간이 되어야 육도에 순력(巡歷)하면서 고(苦)를 면하게 되나니라.

[註]
① 세세 생생(世世生生) = 몇 번이든지 다시 환생하는 일.
② 불조(佛祖) = 부처님과 조사(祖師).
③ 혜명(慧命) = 부처님의 정법(正法).
④ 과보(果報) = 인과 응보(因果應報).
⑤ 심행처(心行處) = 마음 행할 곳.

⑥ 발심(發心) = 보리심(菩提心)을 일으킴.

⑦ 무념처(無念處) = 생각이 끊어진, 생각 이전의 마음자리.

⑧ 공안(公案) = 선종(禪宗)에서 도를 깨치기 위하여 참구하는 화두(話頭). 한 사람의 사안(私案)이 아니고 조사(祖師)들의 정안결택(正眼決擇).

⑨ 견성(見性) = 모든 망혹(妄惑)을 버리고 자기의 심성(心性)을 사무쳐 알고, 모든 법의 실상인 당체(當體)와 일치하는 정각(正覺)을 이루는 것을 말한다.

⑩ 6국(六國) = 눈[眼] · 귀[耳] · 코[鼻] · 혀[舌] · 몸[身] · 뜻[意].

⑪ 업신(業身) = 영혼.

⑫ 몽교(夢覺) = 꿈과 생시.

⑬ 업장(業障) = 전생에 지은 허물로 인하여 이승에서 받는 마장(魔障).

⑭ 번뇌마(煩惱魔) = 4마(四魔)의 하나. 노여움[瞋恚] · 지나친 욕심[貪慾] · 어리석고 못남[愚痴] · 번뇌(煩惱) 등 4마가 사람을 괴롭히고 어지럽게 하여 불도 수행에 방해가 됨.

⑮ 지무생사(知無生死) = 생사 없음을 아는 것.

⑯ 계무생사(契無生死) = 생사 없는 경지에 계합하는 것.

⑰ 체무생사(體無生死) = 생사 없는 경지를 체달함.

⑱ 용무생사(用無生死) = 생사 없는 경지를 내 마음대로 수용(需用)하는 것.

⑲ 이무애(理無碍) = 이치(理致)에 걸림이 없는 지무생사(知無生死) · 계무생사(契無生死)의 경지(境地).

⑳ 사무애(事無碍) = 사물(事物)에 걸림이 없는 체무생사(體無生死) · 용무생사(用無生死)의 경지.

현세 인생現世人生에 대하여

1. 인간의 일생은 짧은 한 막의 연극에 지나지 않는데, 이 연극의 한 장면이 종막이 되면 희노애락(喜怒哀樂)을 연출하던 그 의식은 그만 자취 없이 사라져 버리고 육체는 부글부글 썩어 버리니, 이 얼마나 허망한 일인가?

이 허망하기 짝이 없는 그 동안인들 1분의 자유가 있었던가? 밥을 먹다가라도 불의(不意)의 죽음이 닥치면 씹던 밥도 못 삼키고 죽어야 하고, 집을 아무리 많은 돈을 들여 찬란하게 짓다가도 느닷없이 화재(火災)라도 만나면 방 안에 한 번 앉아 보지도 못하고 허망하게 되지 않는가?

직접 내 자신의 일에도 이렇게 늘 자유를 잃어 버리는데 인생의 집단인 사회와 국가를 세운다는 일이 얼마나 서글픈 일인가?

자유의 바탕을 얻어야 근본적 자유를 얻게 될 것이 아닌가. 자유가 어디에서 얻어지는지도 모르는 인간들이 자유를 부르짖는 것은, 쌀도 없이 밥을 지어 배부르게 먹는 이야기만으로 떠드는 셈이니라.

2. 인생은 자기 업신(自己業身)의 반영(反映)인 이 몽

환(夢幻) 세계를 실상(實相)으로 알고 울고 웃고 하는 것은 마치 은행나무가 물에 비치는 제 그림자를 이성(異性)으로 감응(感應)하여 열매를 맺는 것과 같으니라.

3. 인간이 산다는 것은 생의 연속이 아니라, 생멸(生滅)의 연속으로 인간이 죽는 순간도 죽기 전후 생활도 다 잊어 버리고, 입태(入胎)[①] 출태(出胎)[②]의 고(苦)도 기억하지 못하고, 다만 현실적 6식(六識)[③]으로 판단할 수 있는 이 생활만 느끼고 사는데, 천당에 갔다가 지옥에 갔다가 사람이 되었다가 짐승으로 떨어졌다가 하는 그러한 생이 금세 지나가고, 또 한 생이 금세 닥쳐오는 것이 마치 활동 사진의 영상(影像)이 연속해 교환 이동되어 빠른 찰나에 다른 장면으로 나타나는 것과 같으니라.

4. 인생은 과거를 부를 수도 없고, 미래를 보증할 수도 없는 것이다. 현재가 현재이기 때문에 현재를 완전히 파악하게 되어야 과거·현재·미래의 생활을 일단화(一單化)한 생활을 할 수 있나니라.

5. 인생은 과거에 사는 것도 아니요, 미래에 사는 것도 아니요, 다만 현재에만 살고 있는데, 현재란 잠시도 머무름이 없이 과거에서 미래로 이동하는 순간이

니, 그 순간에 느끼는 불안정한 삶을 어찌 실(實)답다
할 수 있으랴!

과거와 현재가 합치된 현실이 있나니 현재는 과거의
후신(後身)이요, 미래의 전신(前身)으로 과거 · 현재 · 미
래가 하나이기 때문이다.

6. 우리가 사는 세계를 중심으로 하여 위로 상상할
수 없는 최고 문화세계가 헤아릴 수 없이 벌어져 있
고, 아래로 저열 극악(低劣極惡)한 그 양과 수를 헤일
수 없는 지옥의 세계가 다 함께 몽환 세계(夢幻世界)[④]
인 것이니, 과연 어떤 것이 실세계(實世界)인지? 그것
을 알아 얻는 것이 곧 진아 세계(眞我世界)를 체달(體
達)[⑤]하게 되는 것이니라.

7. 나의 현재 생활이 일체(一切) 세계라, 현재 생활에
서 자족(自足)을 못 얻으면 다시 얻을 도리가 없나니
라.

8. 인간들은 모두 자기에게는 좋은 것이 와야 할 희
망을 갖고 생을 이어 가지만 좋은 것을 취하는 것이
곧 언짢은 것을 얻는 원인인 줄을 아지 못하나니라.

9. 인간 생활의 주체(主體)가 되는 생로병사(生老病死)
와 희노애락(喜怒哀樂)까지도 다생(多生)으로 익혀 온

망령된 습관의 취집(聚集)이요 결과임을 확실히 깨달아야 생사를 벗어나게 되나니라.

10. 이 우주에는 무한 극수적(無限極數的) 이류 중생(異類衆生)이 꽉 차서 각각 자기 습성에 맞는 생활권을 건립하고 있지만, 우리 6식(六識)은 다생(多生)의 습기(習氣)로 점점 고정화(固定化)하여 우리 사바세계 인간으로는 어느 한도를 넘어서는 도저히 볼 수 없고, 느낄 수도 없나니, 천인(天人)이니 지옥이니 신(神)이니 귀(鬼)니 하는 것도 결국 우리 6식으로는 판단할 수도 없는 이류 중생의 명상(名相)이니라.

11. 습관은 천성이라 천재(天才)니 소질(素質)이니 하는 것도 다생으로 많이 익혀서 고정화하여 이루어진 것인데, 이것이 바로 업(業)이라는 것이다.

12. 물체는 결합(結合)·해소(解消)의 이중 작용(二重作用)을 하기 때문에 영겁을 두고 우주는 건괴(建壞)되고, 인생은 생사를 반복하고 있나니라.

13. 중생이라 하는 것은 한 개체에 국한된 소아적(小我的)인 생활을 하는 사람·짐승·벌레 등으로 일체 자유를 잃어 버리게 되어 다만 업풍(業風)[6]에 불려서 4생 6취(四生六趣)에 헤매게 되는 것이요, 불[完]시이

라 하는 것은 일체 우주를 자신화(自身化)하여 일체 중생이 다 내 한 몸이요 3천 대천세계(三千大天世界)[⑦] 가 다 내 한 집이라, 어느 집이나 어느 몸이나 취하고 버리는 것을 내 임의로 하나니라.

14. 완인(完人)은 만유(萬有)를 자체화(自體化)하였기 때문에 만유의 형상을 임의로 지으며, 만유의 도리를 자유로 쓰게 되나니라.

15. 천당은 갈 곳이요, 지옥은 못 갈 곳이라면 우주가 내 한 몸이요, 천당과 지옥이 내 한 집인데, 중생은 한 세계를 두 세계로 갈라 놓고, 한 몸을 분신(分身)시켜 천당·지옥으로 나누어 보내는데, 이것은 중생의 업연으로 됨이니라.

16. 인격(人格)이 환경에 휘둘리는 사람은 영원한 평안(平安)을 얻을 길이 없나니라.

17. 세상 사람들은 똥과 피의 주머니로 몸을 삼아 춥고 덥고 목마르고 배고픈 것만 귀중히 여기기 때문에 길이 윤회(輪廻)의 고취(苦趣)를 면치 못하나니라.

18. 우리가 느끼는 안(眼)·이(耳)·비(鼻)·설(舌)·신(身)·의(意)의 6식은 장소에 따라 변하고, 때에 따라

법훈

흩어지나니, 이렇게 시시 각각으로 천류(遷流)하는 6
식으로 어찌 인생이 근본 정신을 파악할 수 있겠는
가?

19. 아무리 진보된 세인(世人)들의 이론이나 심원(深
遠)한 학설(學說)이라 할지라도 그것으로는 인생 문제
를 도저히 해결할 수 없는 것이니, 이는 명상(名相)에
집착되었기 때문이니라.

20. 이론으로는 해결할 수 없는 것을 명확하게 깨우
쳐 주는 이론이라면, 그 이론은 곧 도의 입문으로 인
도하는 대도사(大導師)가 되는 것이니라.

21. 형이상학(形而上學)이나 유심론(唯心論)을 말하는
자 스스로 물질적 영역을 벗어나지 못한 것을 모르나
니라.

22. 세상에는 바른 말 하는 사람도 없는 동시에 그른
말을 하는 사람도 있지 않은 것이니라.

23. 신(神)은 아무리 신통 자재(神通自在)한 최고신으
로 인류 화복(人類禍福)을 주재(主宰)한다 하더라도 육
체를 갖추지 못한 사(邪)이니라.

24. 신의 존재를 부인하는 사람은 무지(無知)를 면치 못하고, 신을 신앙의 대상으로 삼는 사람은 어리석음을 면치 못하나니라.

25. 현대 과학이 아무리 만능(萬能)을 자랑하지만 자타(自他)를 위하여 순용(順用)되지 않고, 역용(逆用)되는 이상 그것은 인류이게 실리(實利)를 주는 것보다 해독(害毒)을 더 많이 주는 것이니, 다만 세계가 자타의 아상(我相)[8]이 없는 생활로 물질과 정신의 합치(合致)인 참된 과학 시대가 와야 전인류는 합리적인 제도 하에서 안정된 생활을 하게 될 것이니, 인간의 근본을 밝히는 정신 문명(精神文明)을 사람마다 마음 속에 건설하여야 잘 살 수 있는 진정한 평화가 되나니라.

26. 물질 과학의 힘으로서는 자연의 일부는 정복할지언정 자연의 전체를 정복할 수는 없는 것이요, 설사다 정복한다 하더라도 그것은 다생(多生)에 익혀 온 습성을 어느 정도까지 만족시키는 데 지나지 않을 뿐으로, 정말 습성 자체는 정복하지 못한 것이니, 그 습성 자체를 정복하고, 그 근본에 체달한 후라야 비로소 자연과 습성을 모두 자가용(自家用)으로 삼게 될 것이니라.

27. 물질과 정신이 합치된 과학자는 영원의 만능을

발휘할 수 있나니라.

28. 현대 사람은 자만심(自慢心)을 본위로 한 신경만
예민하여, 자신이 이해할 수 없는 법문(法門)을 들을
때에 신중히 생각하지도 아니하고, 부인할 아무 근거
도 없이 무조건 반박해 버리는 것으로 쾌사(快事)를
삼는 일이 많으니, 그것은 암흑의 길을 자취(自取)하
는 것이니라.

29. 아집(我執)은 배타적(排他的) 정신이라, 남이 곧
나라는 것을 알지 못하는 까닭에 나를 점점 더 축소
시키는 무지이니라.

30. 중생들은 잘하고 착해야 될 줄을 알면서도, 잘하
고 착하게 하는 사람, 곧 나를 찾는 공부는 할 생각
을 못하나니라.

31. 중생들은 인간이 만물(萬物) 가운데 가장 귀한 것
이 사색(思索)하는 데 있다고 하면서 사색하는 그 자
체를 알아 볼 생각은 하지 못하나니라.

32. 중생들은 자기 자신이 무엇인지도 까맣게 모르면
서 학자인양 종교가인양 하여 제법 인생 문제를 논하
는 것은 생명을 잘라 놓고 생명을 살리려는 것과 다

를 바 없나니라.

33. 이론이 끊어지고, 학론(學論)이 다한 곳에서도 한 걸음 더 나아가야 나를 발견하는데, 내가 나를 찾기 전에는 인생 문제의 해결은 결코 불가능하나니라.

34. 인생 문제를 해결한다는 것은 인연이나 희망이 아니요, 진아(眞我)를 체달하여 이사(理事)에 임의로 처리하게 되어야 하나니라.

35. 중생들은 알 줄만 알고, 모를 줄은 모르나니라.

36. 알지 못함을 알면 철저히 아는 것이니, 정말 아는 법은 알지 못할 줄을 능히 알 때에 비로소 진아에 체달 되나니라.

37. 지구(地球)라는 한 모태(母胎)에서 같이 출생한 동 포가 서로 총칼을 겨누게 되니, 어느 형(兄)을 찌르려 고 칼을 갈며, 어느 아우를 죽이려고 총을 만드는지 비참한 일이니라.

[註]
① 입태(入胎) = 어머니의 복중(腹中)에 잉태(孕胎)됨을 말함.
② 출태(出胎) = 어머니에게서 세상에 태어남.

③ 6식(六識) = 6근(六根)에 의하여 대상을 지각하는 여섯 가지 작용 곧 안식(眼識)·이식(耳識)·비식(鼻識)·설식(舌識)·신식(身識)·의식(意識)을 말함.

④ 몽환 세계(夢幻世界) = 꿈과 환상처럼 덧없는 세계.

⑤ 체달(體達) = 사물의 진상을 몸소 통달함.

⑥ 업풍(業風) = 선악업(善惡業)의 과보로 받는 것을 바람에 비유함.

⑦ 3천 대천세계(三千大千世界) = 수미산(須彌山)을 중심으로 하여 해·달·4대주(四大洲)·6욕천(六欲天)·범천(梵天) 등을 합하여 한 세계라 하고, 이것을 천 배 한 것을 소천(小千) 세계, 소천 세계를 천 배 한 것을 중천(中千) 세계, 중천 세계를 천 배 한 것을 대천 세계라 하는데, 이의 전부를 말함.

⑧ 아상(我相) = 망아(妄我)에 대한 집착.

불 법佛法

1. 불법(佛法)이라고 할 때, 벌써 불법은 아니니라.

2. 일체의 것이 그대로 불법인지라 불법이라고 따로 내세울 때에 벌써 잃어 버리는 말이니라.

3. 물질(物質)은 쓰는 것이요, 정신(精神)은 바탕인데, 물질과 정신의 일단화(一單化)를 불법이라 하나니라.
불법엔 완전을 이루지 못하면, 인생의 영원한 전정(前程)을 보증할 길이 없나니라.

4. 불법은 어느 시대 어떤 인간의 호흡에도 맞는 것이니라.

5. 불법을 듣고 생명의 중심이 움직이니 않는다면, 인간의 생명을 잃어 버린 사람이니라.

6. 불(佛)이라는 것은 마음이요, 법(法)이라는 것은 물질인데, 불법이라는 명상(名相)이 생기기 전에, 부

처가 출현하기 전에, 나는 이미 존재한 것이니라.
질그릇 같은 나를 버리면 7보(七寶)의 그릇인 법신
(法身)①을 얻나니라.

7. 입이 말을 하는 것이 아니요, 손이 일을 하는 것
이 아니니, 말하고 일하는 그 정체(正體)를 알아야
참된 말과 일을 하는 정작 인간(人間)이 되나니라.

8. 불법은 육체나 영혼의 책임자이다. 책임자 없이
살아가는 인생이 그 얼마나 불안한가. 이것을 알면,
곧 불법에 돌아오게 될 것이니라.

9. 세간법(世間法)②과 불법이 둘이 아니요, 부처와
중생이 하나니, 이 불이법(不二法)을 증득(證得)해야
참 인간이 되나니라.

10. 불법을 알면 속인(俗人)이라도 중이요, 중이라도
불법을 모르면 이는 곧 속인이니라.

11. 여러 가지의 자물쇠를 열려면 여러 가지의 열쇠
가 필요한 것같이 백천 삼매(百千三昧)의 무량 묘리
(無量妙理)를 해득(解得)하려면 백천만의 지혜의 열쇠
를 얻어야 하나니라.

12. 불법을 부인하는 것은 자기가 자기를 부인하는 것이요, 불법을 배척하는 것은 자기가 자기를 배척하는 것이니, 이는 곧 자기가 부처이기 때문이니라.

13. 소리소리가 다 법문(法門)이요, 두두물물(頭頭物物)③이 다 부처님의 진신(眞身)이건만, 불법 만나기는 백천만겁(百千萬劫)에 어렵다고 하니, 그 무슨 불가사의(不可思議)한 도리인지 좀 알아 볼 일이니라.

[註]
① 법신(法身) = 석가 여래의 3신(三身)의 하나로 법계(法界)의 이치와 일치한 부처의 진신(眞身).
② 세간법(世間法) = 중생들이 세상에서 쓰는 법.
③ 두두물물(頭頭物物) = 삼라만상(森羅萬象).

불 교

1. 불교(佛敎)라고 주장할 때 벌써 불교 교리와는 어긋난 것이니, 불교 교리는 아집(我執)[①]을 떠난 교리이기 때문이니라.

2. 불교의 종지(宗旨)가 악(惡)을 징계하고 선(善)을 장려하는 종교가 아니라, 선악이 다 불법인 까닭에 천당·극락의 즐거움이나, 반대로 지옥의 극고(極苦)한 세계가 다 나의 창조물인 까닭이니라.

3. 먼저 대가(代價) 없이는 얻어지지 않고, 노력 없이는 성공이 오지 않는 것이 우주의 원리이니라.

4. 일체는 그대로 불(佛)이기 때문에 일정한 규칙이나 조직을 세워서 가르치지 않고, 기류 차제(機類次第)로 가르칠 뿐이니라.

5. 불교의 유심(唯心)[②]이란 유물(唯物)과 상대가 되는 유심이 아니요, 물심(物心)이 둘이 아닌 절대적인 유심임을 말하는 것이니라.

6. 허공(虛空: 自我·自性)은 마음을 낳고, 마음은 인

격(人格: 代表的인 人格者를 佛이라 함)을 낳고, 인격
은 행동[現實]을 낳나리라.

7. 세상에는 물심 양면이라면 우주의 총칭(總稱)인
줄 알지만, 우주의 정체(正體)는 따로 있나니라.

8. 불교에서는 신(神)을 초월하여 법신(法身)이 있고,
영혼 위에 진인(眞人)이 있음을 알아, 그것을 증득하
는 것으로 구경(究竟)을 삼는데, 육신(肉身)과 신과
영혼의 근본이 법신이요, 그 근본을 잃어 버린 육신
과 신과 영혼이 서로 교환 이동(交換移動)하는 생활
이 사바 세계(裟婆世界)의 인간이니라.

9. 불교는 전인류의 자아(自我)를 완성시키는 교육
기관이니, 다종(多宗)·각법(各法)의 종교가 다 진아
완성의 가교(架橋)요 과정이니라.

10. 불교 교리의 오의(奧義)는 표현할 수 없는 법이
지만, 각자가 다 이미 지니고 있기 때문에, 마음과
마음이 서로 응할 수 없는 그 법을 전불(前佛)^③·후
불(後佛)이 상속하여 가나니라.

[註]
① 아집(我執) = 망아(妄我)의 어리석음에 대한 집착.
② 유심(唯心) = 우주의 모든 존재는 마음의 표현이며, 이것

을 떠나서 존재하는 것이 없고, 마음은 만물의 본체(本體)로서 유일한 실재(實在)라고 하는 「화엄경」의 중심 사상.
③ 전불(前佛) = 현세에 나타난 부처님보다 이전에 성도(成道)하여 입멸(入滅)한 부처님.

승니僧尼란 무엇인가?

1. 중이라 함은 일체 명상법(名相法)이 생기기 이전의 사람을 가리켜 중이라 하니, 만유(萬有)의 주인이요, 천상 인간(天上人間)의 스승이 바로 중인 것이다.

2. 수행인(修行人)인 중은 부모 처자와 일체 소유(一切所有)를 다 버림은 물론 자신까지도 버려야 하나니라.

3. 중은 운명의 지배도 아니 받고, 염라국(閻羅國)에도 상관이 없어야 하며, 남이 주는 행(幸)·불행(不幸)을 받는 사람이 되어서도 안 되나니라.

4. 수도 생활(修道生活)을 하는 것은 성품(性品)이 백련(白蓮)①같이 되어 세속(世俗)에 물들지 않는 사람이 되려는 것이니라.

5. 짧은 인생을 위하여 하는 세속 학문(世俗學問)도 반평생(半平生)을 허비해야 하거든, 하물며 미래세(未來世)가 다함이 없는 전정(前程)을 개척하려는 그 공부(工夫)를 어찌 천년을 멀다 하며, 만년을 지루하다 할 것인가?

6. 생사윤회에 소극적인 학교 교육도 필요를 느끼거든, 하물며 생사 윤회를 영단(永斷)하고 참된 인간을 완성시키는 참선(參禪) 교육은 참으로 필요하다. 전인류에게 시급히 알려야 할 가장 중요한 것이니라.

7. 세상 사람은 유위(有爲)로 법을 삼지만 중은 무위(無爲)[2]로 법을 삼나니라.

8. 세상 사람은 무엇이든지 애착심을 가지고 일을 하지만, 중은 무엇이든지 애착심을 끊고 일을 하나니, 부처님이나 조사(祖師)에게까지도 애착심을 가지지 말 것이니라.

9. 세상에서는 혈통(血統)으로 대(代)를 이어 가지만, 중은 자기를 깨달은 정신, 곧 도(道)로 대를 이어 가는데, 세상에서도 조상의 향화(香火)[3]를 끊게 되면, 그에서 더 큰 죄가 없다는데, 불자(佛子)가 되어 중으로 부처님 법을 자기 대에 와서 끊는다면 그 죄를 어디에 비할 것인가.

10. 예전에는 항간(巷間)의 부녀자 중에도 불법을 아는 이가 있어 종종 중을 저울질 하는 일이 있었건만, 지금은 민중(民衆)을 교화할 책임이 있는 중이 도리어 불법을 모르니, 어찌 암흑 시대라 하지 않을 것이며, 시대가 이토록 캄캄한데 민중이 어찌 도탄(塗炭)에 빠

지지 않을 것인가.

11. 불교의 흥망이 곧 인류의 행·불행이니라.

12. 언제나 불교의 행운과 함께 세상에 평화가 동행(同行)해 오게 되나니라.

13. 공부하는 스님의 누더기는 임금의 용포(龍袍)로도 능히 미칠 수 없는 귀중한 것이니, 임금의 용포 밑에서는 갖은 업(業)을 짓게 되지만 중의 누더기 밑에서는 업이 녹아지고 지혜(智慧)가 밝아지나니라.

14. 중으로서 속인의 부귀를 부러워 하거나 외로워 하거나 설움과 한(恨)이 남았다면 게서 더 부끄러운 일이 없나니라.

15. 이 우주 전체가 곧 나인 것을 깨달아 체달(體達)된 인간을 중이라 하나니라.

16. 중은 자신의 노력으로 수입되는 물질이라도 사용(私用)하지 못하나니 중의 것은 다 3보지물(三寶之物)④이기 때문이니라.

17. 공부는 하지 않으면서 중의 명목(名目)으로 시물(施物)을 얻어 쓰는 것은 사기취재(詐欺取財)니라.

18. 중 노릇을 잘못하면 3가(三家)⑤에 죄인을 면치 못하나니라.

19. 자성(自性)이 더럽혀지기 전인 어렸을 때에 출가 하여 평생을 무애(無碍)하게 중 노릇을 잘하여 마치는 이는 하늘과 땅을 덮고도 남는 복이니라.

20. 요사이는 시주(施主)의 밥만 허비하는 중이 많기 때문에 진실하게 공부하는 중의 생활을 보증해 주는 신도가 없게 되었으나, 도를 위하여 하는 노력은 곧 도가 되나니, 도를 위하여는 지악(至惡)의 경지에서도 용기 있게 노력하여 정진(精進)해야 하나니라.

21. 사상적 방향은 정진에서만 확정을 하게 되고, 사 상적 방향을 정하게 되어야 인생의 정로(正路)를 걷게 되고, 인생의 정로를 걷게 되어야 인생의 영원겁(永遠 劫)에 장래를 보증할 수 있나니라.

22. 세속 일은 잠시라도 쉼이 있지만, 중은 정진하는 일을 꿈에라도 방심(放心)할 수 없나니, 털끝만한 틈 이 벌어져도 온갖 마장(魔障)이 다 생기나니라.

23. 백천 만인(百千萬人)을 죽인 살인수(殺人囚)라도 허심탄회(虛心坦懷)로 부처님께 귀의(歸依)하여 정진하 는 중만 되면 백천 만인의 원결(怨結)을 푸는 동시에

백천 만겁에 지은 죄업(罪業)이 몽땅 소멸되나니라.

24. 중생이 보고 듣고 일하는 것이 모두 허무하게 되는 것은 망아(妄我)에 집착하기 때문이니라.

25. 중생은 시공간(時空間)에 의하여서만 생존(生存)하는 것으로 집착(執着)된 까닭에 시공의 제재하(制裁下)에 6도 윤회(六道輪廻)를 면치 못하나니라.

[註]
① 백련(白蓮) = 마음이 맑고 깨끗하여 더럽힘이 없는 것을 비유함.
② 무위(無爲) = 인연에 의하여 조작(造作)이 없는 것.
③ 향화(香火) = 제사(祭祀).
④ 3보지물(三寶之物) = 불(佛)·법(法)·승(僧)을 3보(三寶)라 한다. 사찰(寺刹)의 공유지물(公有之物).
⑤ 3가(三家) = 국가(國家)·속가(俗家)·불가(佛家).

대중처大衆處에서 할 행리법行履法

1. 중은 반드시 대중(大衆)에 처(處)해야 하며, 대중을 중히 생각하여야 하나니라.

2. 중은 당파(黨派)를 짓지 않아야 하나니, 우리라는 구분이 있다면 벌써 중의 정신을 잃은 소리니라.

3. 중은 물질 본위(物質本位)로 사는 동물적(動物的) 인간계(人間界)를 떠나야 할 것이니, 너와 내가 하나인 정신세계(精神世界)의 집단 생활이 중의 생활이니라.

4. 대중 시봉(大衆侍奉)이 곧 부처님 시봉이니라.

5. 속연(俗緣)을 끊고 출가하여 동수 정업(同修淨業)하는 도반(道伴)을 서로 존중히 여겨야 함을 알고, 어린이를 사랑하며, 어른에게는 공대할 줄 알아야 하느니라.

6. 이미 사좌(師佐: 스승과 상좌上佐)의 의(義)를 맺

었거든, 스승은 상좌를 지도하고, 상좌는 스승을 존경해야 하나니라.

7. 중은 먼저 시비심(是非心)을 끊고 지내되, 남이 나를 시비할 때를 당하여 나의 잘못이 있다면 잘못을 반성하여 고치고, 만일 나의 허물이 없을 때는 나의 일이 아니니 상관치 말라. 이와 같이 대중에 처하면 불안한 시비가 없고, 항상 편안하리라.

8. 중은 일이나 물건을 대할 때 나의 이해(利害)를 생각하지 말고, 일의 성취와 물건의 보존(保存)이 대중에게 공익으로 돌아가게 해야 하나니라.

9. 동무의 허물을 볼 때에 나의 잘못으로 느끼면 그 허물을 다른 이에게 알릴 수 없나니라.

10. 어려운 일은 내가 하고, 좋은 음식은 남을 줄 생각을 해야 하나니라.

11. 마음은 무한대(無限大)한 것이니, 마음의 사자(使者)인 몸의 능력도 제한되지 않은 것이니라.

12. 중은 공익심(公益心)과 평등심(平等心)으로 누구나 포용(包容)할 수 있어야 하나니라.

13. 중은 곤충(昆蟲)에게도 대자대비(大慈大悲)의 용심(用心)을 가져야 하나니라.

14. 횡재(橫財)를 기뻐하지 말라. 잃어 버린 임자의 슬픔이 있나니라.

15. 중은 먼저 인욕(忍辱)할 줄을 알아야 하나니라.

16. 대중의 욕(辱)됨을 내가 혼자 받을 마음을 가지며, 대중을 위하여서는 신명(身命)을 아끼지 않게 되어야 하나니라.

17. 대중에 처하여 각자가 자기의 임무만을 잘 충실히 지켜 가면 대중 질서에 조금도 어지러운 일이 없나니라.

18. 공적(公的) 일을 당하여 괴로움을 면할 생각을 한다든가 자기 욕심을 생각한다면 그것은 자기 타락(自己墮落)이니라.

19. 누가 내게 역량(力量)에 못 미칠 노력을 요구하더라도 원망(怨望)을 말 것이니, 못 미친다는 것은 나의 정신력이 못 미친 까닭이니라.

경 구警句

1. 숨 한 번 마시고 내쉬지 못하면, 이 목숨은 끝나는 것이니, 이 목숨이 다하기 전에 정진력을 못 얻으면 눈빛이 땅에 떨어질 때에 내 정신이 아득하여져서 인생의 길을 잃어 버리게 되나니라.

2. 죄의 원천(源泉)은 노는① 것이니라.

3. 자기 면목을 찾는 정진은 아니하고 재색(財色)에 눈부터 뜨게 된다면, 천불(千佛)②이 출세(出世)해도 제도할 수 없나니라.

4. 조그마한 나라를 회복하려 해도 수 많은 희생을 요(要)하는 것이니, 전우주(全宇宙)인 나를 도로 찾으려 할 때 그만한 대가를 지불할 예산을 각오해야 하나니라.

5. 누구나 물건을 잃어 버린 줄은 알게 되지만, 내가 나를 잃어 버린 것은 모르나니라.

6. 미물(微物)을 업신여기는 마음으로 후일에 나도 미물이 되나니라.

7. 남에게 이익을 주는 것이 정말 내게 이익이 되고, 남에게 베푸는 것이 정말 나에게 고리(高利)의 저금(貯金)이 되나니라.

8. 내 잘못을 남에게 미는 것은 가장 비열(卑劣)한 일이니라.

9. 천 번 생각하는 것이 한 번 실행(實行)함만 못하나니라.

10. 방일(放逸)은 온갖 위험을 초래하나니라.

11. 말하기 전에 실행부터 할 것이니라.

12. 총과 칼이 사람을 찌르는 것이 아니요, 사람의 업(業)이 사람을 쏘고 찌르나니라.

13. 지옥이 무서운 곳이 아니라, 내 마음 가운데 일어나는 탐(貪) · 진(嗔) · 치(痴)가 가장 무서운 것이니라.

14. 함[爲]이 없는 곳에 참 일이 이루어지고, 착함을 짓지 않는 곳에 정말 착함이 있나니라.

15. 참된 말은 입 밖에 나가지 않나니라.

16. 허공(虛空)이 가장 무서운 줄을 알아야 하나니라.

17. 네가 네 생각을 내어 놓을 수 있겠느냐?

18. 허공(虛空)이 뼈가 있는 소식을 알겠느냐?

19. 귀신 방귀에 털나는 소식을 알겠느냐?

20. 등상불(等像佛)이 법문(法門)하는 소리를 듣겠느냐?

21. 생각이 곧 현실이요, 존재니라.

22. 생각이 있을 때는 삼라 만상(森羅萬象)이 나타나고, 생각이 없어지면 그 바탕은 곧 무(無)로 돌아가나니라.

23. 토목 와석(土木瓦石)이 곧 도(道)니라.

24. 백초(百草)③가 곧 불모(佛母)니라.

25. 부처를 풀밭[草田]④ 속에서 구할지니라.

26. 무심(無心)은 비로자나불(毘盧遮那佛)의 스승이니라.

27. 알려는 생각이 끊어질 때에 일체를 다 알게 되는 것은 무(無)에서 일체의 것이 다 발견되기 때문이니라.

28. 허수아비가 사람에 지나는 영물(靈物)임을 알아야 하나니라.

29. 얻는 것이 없으면 잃는 것도 없나니라.

30. 유용(有用)한 인물은 한가(閑暇)한 시간을 가질 수 없나니라.

[註]
① 노는 = 방심(放心) · 해태(懈怠).
② 천불(千佛) = 과거 · 현재 · 미래의 모든 부처님.
③ 백초(百草) = 중생의 번뇌망상. 무명초(無明草).
④ 풀밭[草田] = 중생의 무명(無明)을 비유함.

최 후 설最後說

내가 이 산중에 와서 납자(衲子)를 가르치고 있는지 40여 년인데, 그 간에 선지식(善知識)을 찾아왔다 하고 나를 찾는 이가 적지 않았지만, 찾아와서는 다만 내가 사는 집인 이 육체의 모양만 보고 갔을 뿐이요, 정말 나의 진면목(眞面目)은 보지 못하였으니, 나를 못 보았다는 것이 문제가 아니라, 나를 못 보는 것이 곧 자기를 못 본 것이다.

자기를 못 보므로 자기의 부모·형제·처자와 일체(一切) 사람을 다 보지 못하고 헛되게 돌아다니는 정신병자들일 뿐이니, 이 세계를 어찌 암흑 세계라 아니할 것이냐?

도(道)는 둘이 아니지만 도를 가르치는 방법은 각각 다르니, 내 법문(法門)을 들은 나의 문인(門人)들은 도절(道節)을 지켜 내가 가르치던 모든 방식까지 잊지 말고 지켜 갈지니, 도절을 지켜 가는 것이 법은(法恩)을 갚는 것도 되고, 정신적·시간적으로 공부의 손실이 없게 되나니라.

도량(道揚)·도사(道師)·도반(道伴)의 3대 요건이 갖
추어진 곳을 떠나지 말 것이니, 석가불(釋迦佛) 3천
운(三千運)[①]에 덕숭산(德崇山)에서 3성(三聖)[②]·7현
(七賢)[③]이 나고, 그 외에 무수 도인(無數道人)이 출현
할 것이니라.
나는 육체에 의존하지 아니한 영원한 존재임을 알
라. 내 법문이 들리지 않을 때에도 사라지지 않은
내 면목(面目)을 볼 수 있어야 하나니라.

[註]
① 3천운(三千運) = 석가불이 입적(入寂)하신 후 3천년.
② 3성(三聖) = 대승보살(大乘菩薩) 수행(修行)의 지위인 10
주(十住)·10행(十行)·10회향(十廻向) 등 세 성위(聖位)에
있는 보살. 이들은 모두 성위에 들어가기 위한 방편위(方便
位)에 있는 성인(聖人)이다.
③ 7현(七賢) = 대승불교에서 말하는 초발심인(初發心人)·
유상행인(有相行人)·무상행인(無相行人)·방편행인(方便行人)
·습종성인(習種性人)·성종성인(性種性人)·도종성인(道種性
人) 등 성위에 있는 현인(賢人). 칠방편(七方便)·칠가행위(七
加行位)라고도 한다.

입전수수(入廛垂手)를 상징하는 수덕사 포대화상

나를 생각하는 자가 누구냐(만공법어)

1판 1쇄 펴낸 날 2016년 9월 2일

법어 만공선사
발행인 김재경 **편집** 김성우 **교정** 이유경 **디자인** 최정근
마케팅 권태형 **제작** 해인프린팅
펴낸곳 도서출판 비움과소통

　　　　서울시 구로구 구로동로 206(구로동 487-36 1층)

　　　　전화 02-2632-8739 팩스 0505-115-2068

홈페이지 http://bns-mall.co.kr **이메일** buddhapia5@daum.net
출판등록 2010년 6월 18일 제318-2010-000092호

© 만공선사
ISBN 979-11-6016-007-9 03220